Mirai

COURSEBOOK STAGE 6

未来

Meg Evans
Yoko Masano

Ikuo Kawakami
Setsuko Taniguchi

Mirai

Japanese for Senior Students

未来

COURSEBOOK

STAGE

6

LONGMAN

Addison Wesley Longman Australia Pty Limited
95 Coventry Street
South Melbourne 3205 Australia

Offices in Sydney, Brisbane and Perth, and associated companies
throughout the world.

Copyright © Meg Evans, Ikuo Kawakami, Yoko Masano, Setsuko Taniguchi 1996
First published 1996
Reprinted 1997

Designed by John Canty
Illustrated by Christina Miesen and Michiko Mitsui
Set in Bodoni & M-KL
Produced by Addison Wesley Longman Australia Pty Limited
Printed in Malaysia through Longman Malaysia, PP

National Library of Australia
Cataloguing-in-Publication data

Mirai: Japanese for senior students. Stage 6. Coursebook.

  Includes index.
  ISBN 0 582 80514 7.

  1. Japanese language – Textbooks for foreign speakers –
  English. 2. Japanese language – Problems, exercises, etc.
  I. Evans, Meg, 1935– .

495.682421

Acknowledgements

Special thanks are due to the following people who made valuable contributions to the Coursebook and Cassettes. Dr A.J. Pritchard, Shinnichi Horiguchi, Koji Horiguchi, John MacGregor, Kosuke Masano and Jenny Ward for photographs; Katsuaki Takizawa and Itsuko Kitagawa for calligraphy; John Rix of the Audio Workshop, Albion; Masato Kobayashi for providing musical interludes; Kaori Karino, Emma Minehan, Toshihide Senga, Fiona Jones, Hiroaki Takayasu, Eric Meulan and Kosuke Kawai for voices; Itsuko Kitagawa, Eiko Nakamura and Saburo Kobayashi for advice and assistance.

The publishers are grateful to the following for permission to reproduce copyright material: Juanita Custance/Mark O'Rourke, p. 49 (The Rocks); Japan Rail, p. 32; NASDA of Japan, p. 116; Overseas Service Bureau/Debra Plueckhahn, p. 138; Matsumoto Shohei, p. 142; Tourism NSW, p. 49 (Opera House, Darling Harbour, Centrepoint Tower, Sydney Museum); Yamanashi Prefectural Government, Tourism Division, p. 24.

Contents

PART 4　　　ONE WORLD　　　世界は一つ

Introduction

Mirai Stage 6 is the second of the two Japanese coursebooks for senior students, in the *MIRAI* series. In a similar manner to *Mirai* Stage 5, it is organised around themes and topics. Knowledge of the grammatical constructions introduced in *Mirai* Stage 5 are assumed. The most important preliminary knowledge is the plain form of verbs. Students who have no knowledge of plain form are advised to study this aspect of Japanese grammar before beginning this course.

Script

It is assumed that students can read and write Hiragana, Katakana and the following minimum Kanji.

一 六 万 水 日 女 中 川 二 七 円 木 本 子 大 車 三 八 百
月 金 人 上 小 四 九 千 火 土 男 下 山 五 十 口 兄 名 前
言 語 高 何 母 父 好 学 校 先 生 年 春 冬 夏 秋 天 気 元
時 半 雨 電 行 今 食 飲 外 私 休 赤 青 晴 雪 曜 花 見 友
思 間 新 聞 番 毎 海 音 楽 多 牛 後 弟 物 町 自 分 活 通
同 方 飯 洋 点 家 古 有 近 使 黒 紙 去 道 広 知 州 切 出
入 洗 手 次 持 待 会 夜 少 動 耳 田 白

Texts have been selected for their interest and suitable length. Texts identified by the listening icon are recorded on the cassettes. It is recommended that students listen to the tapes before reading these texts. Texts that occur after the Kanji sheets are for consolidation and contain no new structures.

Grammar explanations are provided under the focus icon.

Common mistakes are highlighted under the Oops! icon.

Idiomatic expressions are listed under イディオム.

Practice of the new expressions and structures is provided under れんしゅう.

Verbs   Further explanation of the conjugation of the various verb forms introduced in *Mirai* Stage 6 can be found on pages 158–62.

Vocabulary   English–Japanese and Japanese–English word lists are provided at the end of the book.

Supplementary practice material in the form of vocabulary puzzles, Kanji and Katakana puzzles, further listening, speaking and writing activities can be found in the *Language Activity Book*.

As in *Mirai* Stage 5, conversation is presented largely through cartoons or through interviews. The action in each unit takes place either in Japan or in Australia. Where the action takes place in Japan, the cartoon style is the Manga style popular in Japan.

旅行
りょこう
Travel

In these three units you will learn how to:

- discuss sightseeing in Japan
- understand the Japanese year reckoning
- describe places and events
- choose and book accommodation
- use a railway timetable
- report lost property

どこかへ行こう
Let's go somewhere

Read the brochure about Takayama. Prepare a day's itinerary.

高山

人口
じんこう

やく 6 万 5 千人。
町のはしからはし
まで、あるいて
20分ぐらいだ。

バス？　あるく？　レンタサイクル？

高山は小さい町で、あるいて いろいろな
ところへ、行くことができる。

バスツアーもある。やく 3 千円。
バスはえきのうしろから出る。

②

朝市
あさいち

①

高山神社の前の朝市に行こう。
じんじゃ
のうかの人が、しんせんな花や、
やさいをうっている。

7 時から毎朝

わかい人には、じてんしゃが人気。えき
前は じてんしゃのレンタルショップが多
くて、1 時間やく200円でかりることが
できる。

③

Find these expressions

1 The population is about…	5 …were reconstructed.	9 Among them…
2 …from end to end	6 In the east of the town…	10 wonderful architecture…
3 …the morning market	7 …shrines and temples…	11 Hida folk museum…
4 farmers sell fresh flowers…	8 Norikura peak…	12 …the size of the village

高山へ行こう

やりがだけ
3,180m

のりくらだけ
3,026m

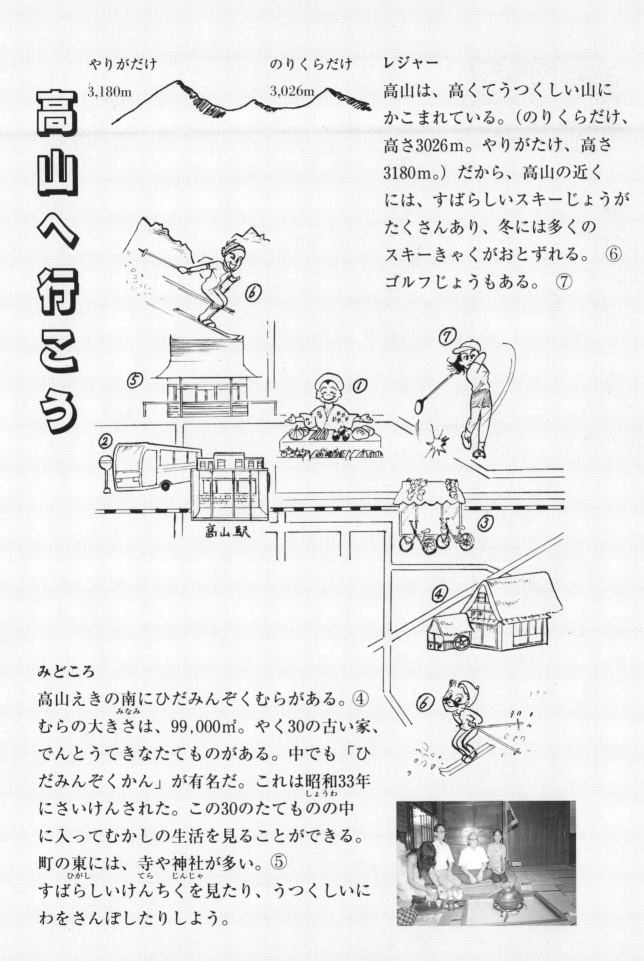

レジャー

高山は、高くてうつくしい山に
かこまれている。（のりくらだけ、
高さ3026m。やりがたけ、高さ
3180m。）だから、高山の近く
には、すばらしいスキーじょうが
たくさんあり、冬には多くの
スキーきゃくがおとずれる。 ⑥
ゴルフじょうもある。 ⑦

高山駅

みどころ

高山えきの南にひだみんぞくむらがある。④
むらの大きさは、99,000㎡。やく30の古い家、
でんとうてきなたてものがある。中でも「ひ
だみんぞくかん」が有名だ。これは昭和33年
にさいけんされた。この30のたてものの中
に入ってむかしの生活を見ることができる。
町の東には、寺や神社が多い。⑤
すばらしいけんちくを見たり、うつくしいに
わをさんぽしたりしよう。

1 Japanese year reckoning

Japan counts the years from the ascent to the throne of each Emperor. The reign of each Emperor is given a special era name. The present Emperor is the 125th Emperor and the present era is called Heisei (平成) which means 'attaining peace within Japan and out, in Heaven and on Earth.'

1997 by Western reckoning is 平成九年 (Heisei 9) in Japan.

Previous eras in the last 100 years are:
1926–1989   Showa (昭和)
1912–1926   Taisho (大正)
1866–1912   Meiji   (明治)

The new era year starts from the death of the Emperor. The first year will usually have two names, the last year of the Emperor who has just passed away and the first year of the new Emperor. 1989 was both Showa 64 and Heisei 1.

れんしゅう

Write the following dates in Japanese.

1 1996	4 1929
2 1984	5 1920
3 1963	6 1910

Change the following dates to Western equivalent

1 昭和五年	4 昭和二十八年
2 平成二年	5 大正十一年
3 明治十六年	6 平成四年

2 Inviting (informal): Let's do something

The **informal** (plain form) equivalent of ～ましょう changes according to the verb group. This form is called the **volitional**.

う verbs. The dictionary form ending う is replaced by おう.	る verbs. The dictionary form ending る is replaced by よう.

Examples:

あらう	あらおう	たべる	たべよう
いく	いこう	みる	みよう
およぐ	およごう		
はなす	はなそう	irregular verbs	
まつ	まとう	する	しよう
のむ	のもう	くる	こよう

れんしゅう

Using the map of Takayama, invite your partner to do things with you.

Example:
A. じてんしゃにのって高山の町を見よう。
B. そうしよう。レンタサイクルの店へ行こう。

3 Expressing large numbers

1 million 1 000 000	百万（ひゃくまん） 100,0000	20 million 20 000 000	二千万（にせんまん） 2000,0000
2 million 2 000 000	二百万（にひゃくまん） 200,0000	70 million 70 000 000	七千万（ななせんまん） 7000,0000
3 million 3 000 000	三百万（さんびゃくまん） 300,0000	100 million 100 000 000	一億（いちおく） 1,0000,0000
7 million 7 000 000	七百万（ななひゃくまん） 700,0000	300 million 300 000 000	三億（さんおく） 3,0000,0000
9 million 9 000 000	九百万（きゅうひゃくまん） 900,0000	500 million 500 000 000	五億（ごおく） 5,0000,0000
10 million	千万（せんまん） 1000,0000	1 billion 1000 000 000	十億（じゅうおく） 10,0000,0000

Note: When expressing large numbers in Japanese up to 100 million （いちおく）, look at the number that comes before the last set of four numbers. This is how many 万（まん） there are. This holds true up to 99 thousand 万. 100 thousand 万 (100 million) becomes 一億（いちおく）.

Example:
95,432,162   9 5 4 3, | 2 1 6 2
            9千5百4十3万、| 2千百6十2

れんしゅう

1 Read the population of the following Japanese cities.
   Example: 広島（ひろしま）の 人口（じんこう）は 286,7000人です。
            （2百8十6万7千）

   京都（きょうと）   2 606 000   札幌（さっぽろ） 5 659 00
   東京（とうきょう） 11 874 000   青森（あおもり） 1 472 000
   大阪（おおさか）   8 735 000   長崎（ながさき） 1 552 000

2 Write out the prices of these cars in English numbers.

140万円   210万円   180万円

どこかへ行こう。

北海道へ行こう！！

雪まつりは さっぽろの冬のハイライト
昭和25年（1950）に はじまった。
毎年 2 月 6 日から12日まで。

さっぽろ雪まつりツアー

たいけんしよう
スキーの楽しさ！
雪まつりのすばらしさ！
おんせんのあたたかさ！

スキーもできるよ

さっぽろの
おいしい物、三つ。

ラーメン、

ホワイト
チョコレート

ビール

スキーの後は おんせんに ゆっくり はいろう！

春と夏には、
乗馬もできます！
じょうば

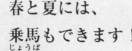

分かりましたか

北海道へ行くのは、いつが一番いい
でしょうか。
北海道では、何ができますか。
さっぽろのおいしい物は何でしょうか。

東京から
54,900円
（こども 39,600円）

4 Making nouns from い adjectives

$$\boxed{\text{adjective } \text{い} + \text{さ}}$$

Examples:

おおきい	おおきさ	*size*
おもい	おもさ	*weight*

れんしゅう

1 Make nouns from the following adjectives and give the meanings.

大きい	ふかい	かなしい
さむい	あかるい	うれしい
ながい	古い	おいしい

2 Fill in the spaces with appropriate words.

a) このプールの＿＿＿＿＿は1.5mです。
b) 東京タワーの＿＿＿＿＿は133mです。
c) このにもつの＿＿＿＿＿は5kgです。
d) このロープの＿＿＿＿＿は何センチですか。
e) このえいがの＿＿＿＿＿はすごいアクションです。

ききましょう

You are visiting Japan. You enter a travel agent's office to find out the best place to go for a skiing holiday. The agent is talking to the person ahead of you about ski holidays, so you listen in.

1 ANA are offering special ski tours. Where are these located?
2 Why does the customer state a preference for Hokkaido?
3 What is offered by the largest ski resort in Hokkaido?
4 How does the agent describe the Hakodate Ski resort?
5 Where is Niseko Higashiyama ski resort? How can you get there?

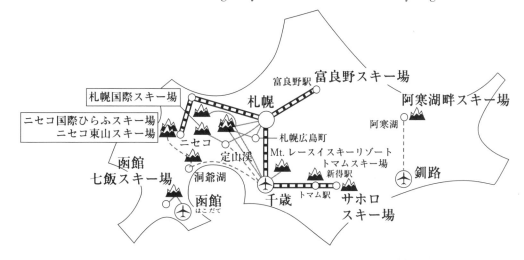

ゴールデンウィークに かまくらへ行こう！

5 Somewhere, something, someone, sometime

どこ なに だれ いつ + か	どこか	*somewhere anywhere?*
	なにか	*something anything?*
	だれか	*someone anyone?*
	いつか	*sometime*

Note: 1 Particle は and を is not usually used with these words.
      2 Other particles are placed **after** か.
      3 In questions どこか、なにか、だれか, often mean−anywhere? anything? anyone?

Examples:

1 だれか そのへやに います。 Someone is in that room.
   なにか 食べましょう。 Let's have something to eat.
   また、いつか 会いましょう。 Let's meet again sometime.

2 どこかに いすがある？ Is there a chair somewhere?
   だれかが 見ています。 Someone is watching.
   どこかへ 行きましょう。 Let's go somewhere.

3 休みに どこかへ 行きますか。 Are you going anywhere in the vacation?
   何か 食べましたか。 Did you eat anything?
   だれか 私の いぬを見ましたか。 Did anyone see my dog?

6 Nowhere, nothing, no one, never

どこ なに だれ いつ +も + negative verb	どこも	*nowhere, not anywhere*
	なにも	*nothing, not anything*
	だれも	*no one, not anyone*
	いつも	*never, not ever*

Note: 1 Particles が, を and は are not usually used with these words.
      2 Other particles come **before** the も.

Examples:

1 その日はどこもあいていませんでした。 On that day, nowhere was open.
   だれも いませんでした。 There was no one there.
   何も もらいませんでした。 I did not receive anything. (I received nothing.)

2 どこへも 行きません。 I am not going anywhere. (I am going nowhere.)
   だれにも あいませんでした。 I did not meet anyone. (I met no one.)

7 Everywhere, everything, everyone, always

どこ いつ	+ も + affirmative verb

どこも *everywhere*
いつも *always*

Note: Everyone is expressed by みなさん, みんな

Everything is expressed by みんな

Examples:

このうちは、どこも きたないです。 Everywhere is dirty in this house.

北海道の夏はいつもすずしいです。 Summer in Hokkaido is always cool.

8 Anywhere, anything, anyone, anytime

どこ なん だれ いつ	+ でも

どこでも *anywhere, wherever*
なんでも *anything, whatever*
だれでも *anyone, whoever*
いつでも *anytime, whenever*

Note: Particles は, が, を do not occur with these words. Other particles occur **before** でも.

Examples:

A: ほうかご、どこに 行きましょうか。 Where shall we go after school?

B: どこでも いいです。 Anywhere will do.

A: 何を食べよう？ What shall we eat?

B: 何でもいい。 Anything will do.

A: だれに 上げましょうか。 To whom shall we give it?

B: だれにでも 上げてください。 Please give it to anyone.

れんしゅう

1 Combine a sentence from List A with a suitable follow-up sentence or answer from List B.

A	**B**
1 ああ、つかれた！	a) なにもありません。
2 おなかが すいたねえ。	b) いっしょに どこかへ行きましょう。
3 いつか 日本へ行きたいと思います。	c) いつでもいいです。
4 夏休みは ながいですね。	d) だれもいないと思いますよ。
5 うちの 中が くらいです。	e) どこかで ちょっと休みましょう。
6 くだものがありますか。	f) いつか いっしょに 行きませんか。
7 いつ おたくに 行きましょうか。	g) 何か 食べようか？

2 Give true answers to the following questions.

a) 今、となりの きょうしつに だれかいますか。

b) きのう、友達に 何か買ってあげましたか。

c) きょう、だれかといっしょに学校に 来ましたか。

d) 休みに だれかに 会いましたか。

9 Making decisions

noun に	＋する
verb dict. form	＋ことに ＋ する

すしに します。 I'll have the sushi.
行くことにします。 It is my decision to go.
行くことにしました。 I decided to go.

Examples:

今日は さむいから すきやきにしましょう。

It's cold today so let's have (decide on) sukiyaki.

毎日 テニスをれんしゅうする ことにします。

It's my decision to play tennis every day.

おんせんに 入ることにしました。 I decided to get into the hot spring.

れんしゅう

Using the brochure about Sapporo, decide to do eight activities.

Example:

おみやげは ホワイトチョコレートにします。
さっぽろで雪まつりを見ることにします。

日本の休み

Japan has 14 public holidays each year. The previous Emperor's birthday was on April 29th and was one of the national holidays that occurred in Golden Week. This day continues to be a holiday, but is now designated Green Day.

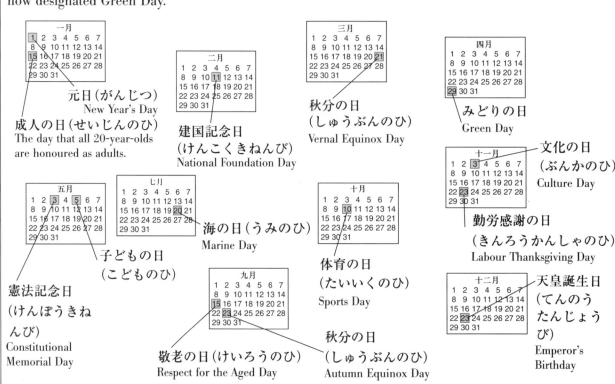

元日（がんじつ）
New Year's Day

成人の日（せいじんのひ）
The day that all 20-year-olds are honoured as adults.

建国記念日
（けんこくきねんび）
National Foundation Day

秋分の日
（しゅうぶんのひ）
Vernal Equinox Day

みどりの日
Green Day

文化の日
（ぶんかのひ）
Culture Day

勤労感謝の日
（きんろうかんしゃのひ）
Labour Thanksgiving Day

海の日（うみのひ）
Marine Day

子どもの日
（こどものひ）

憲法記念日
（けんぽうきね
んび）
Constitutional
Memorial Day

体育の日
（たいいくのひ）
Sports Day

天皇誕生日
（てんのう
たんじょう
び）
Emperor's
Birthday

敬老の日（けいろうのひ）
Respect for the Aged Day

秋分の日
（しゅうぶんのひ）
Autumn Equinox Day

Reading and writing Kanji

Kanji	Stroke order	Reading	Meaning	A way to remember

東 | 一 ｢ 亓 亓 百 東 東 東　8 | ひがし *とう | east | The sun 日 is rising up behind a tree 木 in the **east**.

南 | 一 ナ 广 广 南 南 南 南 南　9 | みなみ *なん | south | Put the plant on the **south** side of the walled garden.

西 | 一 ｢ 亓 两 西 西　6 | にし *せい *さい | west | The swing doors of the wild **west**.

北 | 一 ┤ ㅓ 北 北　5 | きた *ほく *ぼく | north | He (ヒ) is sitting with his back to the fan, when the hot **north** wind blows.

寺 | 一 十 土 土 寺 寺　6 | てら *じ | temple | Under the earth (土) lies a tenth (十) of the **temple**. The rest is above the ground.

神 | ` ゛ ネ ネ ネ 初 初 神 神　9 | かみ *しん *じん | god | Katakana ネ plus 申す (もうす) to humbly say. 申 is a mouth with a finger across it. When talking to the **Gods** we should be respectful ネ!

社 | ` ゛ ネ ネ ネ- 社 社　7 | やしろ *しゃ *じゃ | shrine company | Katakana ネ plus earth 土. The building that houses a **company** started off as a pile of earth ネ!

馬 | 一 厂 厂 馬 馬 馬 馬 馬 馬 馬　10 | うま *ば | horse | This **horse** has a mane and a feathery tail.

Compounds

Can you guess the meanings?

東洋	とうよう	西南	せいなん	山寺	やまでら
東北	とうほく	西洋	せいよう	神社	じんじゃ

Read the letter from John to his teacher and classmates in Australia.

先生、日本語のクラスのみなさん、お元気ですか。
そちらは、もう、ずいぶん、すずしくなったでしょうね。
こちらは、毎日、あたたかくて、いい天気です。
　さて、この間のゴールデン・ウィークには、クラスメートと、
かまくらへ　行ってきました。
　かまくらは、東京から、50Kmぐらい　南の方に
あります。かまくらの大仏（だいぶつ）は、日本で、
2番目に　大きくて、高さは、11メートル半ぐらい、
重さ（おもさ）は、103トン！　ぼくは、ほんとうの
大仏を、はじめて見ましたが、ウーン、これは、
すごい!! と思いました。やく750年間、ずっと、
すわっているんですよ！
　この大仏の中に、かいだんがあって、ぼくたちも、
中に入ってみました。ずっと上まで、かいだんを
上がっていきましたが、中は、くらくて、何も
見えませんでした。でも、花があって、そこだけ、
あかるかったです。
　かまくらは、しずかな町で、お寺や、神社が
たくさんあります。毎年、多くの人々が、
おとずれるそうです。ぼくは、また、いつか、
かまくらへ行って、かまくらのきれいな海でおよぎたいと
思います。では、今日は、これで……。お元気で。
5月7日
　　　　ジョンより

分かりましたか

Rewrite the letter as a phoned dialogue between John and one of his Japanese friends.

Vocabulary

あ	いそぐ	ⓤ	*to hurry*
	いち		*a market*
	おとずれる	ⓡ	*to visit*
	おんせん		*hot spring*
か	かいだん		*stairs*
	かこまれる	ⓡ	*to be surrounded (by)*
	がまん（する）		*endurance, patience, to endure*
	きゃく		*visitor, guest, customer*
	けいかく（する）		*plan, to plan*
	けんちく		*architecture, building*
	こんでいる	ⓡ	*to be crowded*
さ	さいけん（する）		*reconstruction, to rebuild*
	じこくひょう		*a timetable*
	しまる	ⓤ	*to be shut, to be closed*
	じょうだん		*a joke*
	じんこう（人口）		*population*
	しんせん（な）		*fresh*
た	たいけん		*(personal) experience*
	だいぶつ（大仏）		*giant statue of Buddha*
	～たけ（～だけ）		*~ peak, mountain*
	たすける	ⓡ	*to save*
	たてもの		*building*
	だれか		*someone*
	ちず		*a map*
	つづく	ⓤ	*to continue*
	とおす（通す）	ⓤ	*to let pass*
	どこか		*somewhere*
な	のうか		*farm household*
は	はぐれる	ⓡ	*to become separated*
	はしからはしまで		*from end to end*
	～ばんせん（番線）		*track number ~*
	～ばんめ（番目）		*ending for ordinal numbers (first, second etc)*
	ふむ	ⓤ	*to step on*
	ホーム		*platform*
ま	みうごきできない		*cannot move an inch*
	みどころ		*place of interest*
	みんぞく		*a race, a nation, a people, folk*
	むら（村）		*village*
	もんくを言う	ⓤ	*to complain*
や	やく		*approximately*
	よてい		*a program, plan, schedule*

UNIT 2

どこかで 泊まろう
Let's stay somewhere

この夏の バカンス
インタージャパンホテルチェーン
サマープランのご案内

スペシャルプラン 東京たいけん！

"ジョイパック"

・・・浅草発見の旅・・・ディスカバーあさくさ

一泊ご朝食＋東京タワー＋すみだ川ライン＋浅草

お一人さま料金(ぜい、サービス料 ふくむ)

ツイン	12,600円
シングル	17,600円

ごよやくは ☎ (03) 3432-7171

パークホテル

★ ★ ★

夏はやっぱり **おきなわ**

ファミリースイートルーム	¥35,000
和室	¥13,000
ツインルーム	¥11,000

(サービス料、ぜい べつ)

ビーチホテル

☎ (098) 867-5123

JR 名古屋駅から あるいて3分！

全室リニューアル！

和室も洋室もあたらしく...

グランドホテル

● バスルームは大きくモダンに...

● 全室にウォッシュレット......

◆◆◆客室料金(ぜい、サービス料 べつ)

シングル	9,000～
ツイン(2名様)	18,000～
ダブル(2名様)	15,000～

ごよやくは ☎ (052) 587-2311

分かりましたか

1 Find the following words and phrases:
room charge, charge per person, to make your booking, all rooms refurbished, for two people, family suite, Japanese style rooms, Western style rooms, per night with breakfast, tax and service charges separate/included.

2 Imagine that you are visiting Japan with three friends. Which hotel would be the cheapest?

3 Decide which hotel is offering the best value for money.

民宿　みんしゅくの山梨県(やまなし)

料金　1泊2食付き　6,200円

★みなさん、こんどのお休みには、山梨県へ どうぞ！
★そして、民宿の **わらび荘** に、ぜひ どうぞ、泊まっていってください。
★山々に かこまれて、とても しずか...。
★ことりたちが、朝、早くから、うたをうたってくれます。
★夜は、キャンプファイヤーを かこんで、みんなで うたおう、山のうたを！
★夕食は、おいしい山のりょうりを 楽しもう！

☎ 0551・45・0917～2

♥ロマンチックな カナディアン・ログハウスも
　あります。よやくは、早めにどうぞ。

海にかこまれたリゾート！
西伊豆(いず)の... ちどり旅館(りょかん)

☆目の前にコバルトブルーの海が見えます。
☆いろんなグルメプランがあって、すごい人気！
　中でも、えびのグラタンが一番の人気！
☆大きいジェットバスが新しくオープンしました。
　おんせんより、いい気持ち！
☆7月26日には、すばらしい花火のスペクタクル！

☎ 0558・45・0377　FAX 45・0176　　　　近くの
　■1泊2食付き8,000円より　　　　　　　　リゾートゾーン
　■グルメコース1泊2食9,000円より17,000円まで　　であります！

Imagine that you are planning a trip to Japan for your Youth Club. Using the map of Japan at the back of the book and the advertisements for accommodation given on pages 16 and 18, prepare a 14-day itinerary for the group. Include a variety of accommodation experiences and travel.

Example:

Dec. 10:　Arrive Sapporo 5 p.m. Stay at the Lions Youth Hostel. Dinner, bed and breakfast ¥ 4150.

Dec. 11:　Skiing. Lunch at ski resort. Return to Lions Youth Hostel. Bed and breakfast ¥ 3200.

わかさを楽しもう！
わたしたちの ユース・ホステル

知っていますか？ ユース・ホステルのマーク。→→

♣♣スリーピングシーツの使い方♣♣

ユース・ホステルでは、スリーピングシーツを使おう。このシーツは、ふくろになっているから、このふくろの中に入ってねることができる。

このマークは、日本全国、そして、せかいの国々で使っています。

ユース・ホステルは、1909年の夏、ドイツの小学校きょうし、リヒアルト・シルマンさんのアイディアで はじまりました。

札幌（さっぽろ）ライオンズユース・ホステル	奈良（なら）ユース・ホステル
〒064 札幌市中央区宮の森1条18-4-15	〒630 奈良県奈良市法蓮町1716
☎ 011-611-4709	☎ 0742-22-1334
1泊 2,700円	1泊 2,600円
朝食 500円	朝食 550円
夕食 950円	夕食 900円
スキー、テニス、ハイキングできます。	レンタバイクあります。つりできます。
高知（こうち）ユース・ホステル	長崎（ながさき）オランダ・ユース・ホステル
〒780 高知県高知市北本町3-10-11	〒850 長崎県長崎市東山手町6-14
☎ 0888-83-5086	☎ 0958-22-2730
1泊 2,400円	1泊 2,200円
朝食 450円	朝食 500円
夕食 850円	夕食 750円
日本で1番ふるいチンチン電車にのろう。	有名なグラバー園（えん）へあるいて7分。

温泉！ リゾートの中のリゾート！！
おんせん

　日本は 火山が多いくにだ。火山が多いから、おんせんも あちこちにある。リューマチにいいおんせん、はだにいいおんせん、海の近くのおんせん、山の中のおんせんなど、いろいろある。

　おんせんが 多いところには 旅館も多い。人々は おんせん旅館に 泊まって、大きくて きれいな おふろに 入って、旅館のゆかたに着がえる。そして たたみの和室に 夕食を はこんでもらう。だから おんせんに はいったあとで、外のレストランへ でかけなくてもいい。自分のへやで、名物料理を 楽しむことが できる。
めいぶつりょうり

　えんかいもできる。広いへやで みんないっしょに おさけを飲んだり、料理を食べたりする。もちろん、みんな えんかいをする前に おんせんに 入って リラックスする。とくに、さむい冬は あたたかいおんせんと、おいしい料理で こころもからだもリフレッシュしたい。きみも だれかをさそって、どこかのおんせんに行ってみよう。行く前に、できるだけ早く 旅館のよやくをして行ったほうがいい。

分かりましたか

List the pleasures of Onsen. How many did you find?

10 Giving advice/suggesting (It would be better to . . .)

verb plain past	+ ほうがいい

つかれた？ これから、すぐ、おんせんに 入った ほうがいいよ。
You must be tired. It would be better to get in the hot spring straight away.
行く前に、よやくを したほうがいいですよ。
It would be better to book before going.

れんしゅう

Using the pictures, make dialogues like the example.
A: ああ！つかれました。
B: 早くねたほうがいいですよ。

11 Identifying/describing: Relative clauses 1

A	い adjective clause	(plain present) / (plain past)	+ noun

In Japanese, as in English, a noun can be modified (described) by a clause.

Consider the following sentences.

1 日本は 火山が 多いです。 Japan has lots of volcanoes.

2 日本は 火山が 多い くにです。 Japan is a country <u>with lots of volcanoes.</u>

3 <u>火山が多い日本は</u> おんせんも 多いです。

  Japan, <u>which has lots of volcanoes</u>, also has lots of hot springs.

4 <u>りょうきんが高かった</u>そのりょかんは さいきん やすくなりました。

  That inn <u>which used to have expensive tariffs</u> has become cheap recently.

In sentence 2 <u>火山が多い</u> is the clause which modifies くに.

In sentence 3 <u>火山が多い</u> is the clause which modifies 日本.

In sentence 4 <u>りょうきんが高かった</u> is the clause which modifies そのりょかん.

Note: 1 There are no equivalent words for 'which', 'with', 'that' etc.

  2 Negative forms are not used very often.

B	な adjective clause	(plain present) だ + な / (plain past)	+ noun

おきなわは 海が(の) きれいな ところです。
Okinawa is a place <u>with lovely beaches.</u>

Note: The particle before the な adjective is usually が or の instead of は.

<u>海が(の) きれいな</u>おきなわは 日本の南にあります。
Okinawa, <u>which has lovely beaches</u>, is in the south of Japan.

むかし、<u>水が(の) きれいだった</u> その海は 今きたないです。
That ocean <u>which used to have clean water a long time ago</u> is now dirty.

C	noun clause	(plain present) だ + の / (plain past) だった	+ noun

あの<u>花がむらさきいろの</u>木はジャカランダという木です。
That tree <u>which has purple flowers</u> is called a Jacaranda.

<u>私の小学校の先生だった</u>あの人は今、有名なロックスターです。
That person <u>who was my primary school teacher</u> is now a famous rock star.

Kanji note:

A few words are made plural in Japanese by repeating the word.

Common examples are ひとびと、ときどき、はなばな. When written
in Kanji 々 is used to mean 'repeat' as in 人々、時々、花々.

れんしゅう   Combine the following into sentences like the example.

人が多いです　　ところ　　好きです　　⟶　　人が多い ところが 好きです。

1 かみが ながいです　　　　　　人　　　　　　　　だれですか
2 あれは 友達が好きです　　　　えいがです
3 ドアがピンクです。　　　　　　うち　　　　　　　先生の うちです
4 グレート・バリア・リーフは さんごしょうが (coral) うつくしいです　　ところです
5 ジョンさんがきらいです　　　食べ物　　　　　　何ですか
6 友子さんが 好きです　　　　　スポーツ　　　　　テニスです
7 かんじが少ないです　　　　　本　　　　　　　　読みやすいです
8 きれいなしゃしんです　　　　カレンダー　　　　ほしいです
9 水がきれいです　　　　　　　海　　　　　　　　およぎたいです
10 ステーキがおいしいです　　　レストラン　　　　知っていますか

イディオム

The useful expression できるだけ means to the best of my/your ability.
できるだけ早くおきます。　I will get up as early as possible.
できるだけおてつだいします。　I will help you as much as I can.

ききましょう   Your travel agent is explaining accommodation choices in Hokkaido.

Listen to the tape and answer the following questions.

1 a) What can you do if you stay at Minshuku Uminokaze?
  b) What kind of food is served for dinner and breakfast?
  c) Should you make a reservation beforehand?

2 a) What are the advantages of staying at Misaki Youth hostel?
  b) What are the disadvantages?
  c) Should you make a reservation beforehand?

3 a) What is 'Ootokyampu'?
  b) Explain what the most popular meals are.
  c) Do you have to book in advance?
  d) Which accommodation will you choose? Give your reasons.

おんせんは ほんとうに いい気持ち？

12 Before doing 〜

verb dict. form	+ まえ(に)

食べる前に、おふろに入ろう。
Before eating, let's take a bath.
おふろに入る前に、さんぽをしよう。
Let's go for a walk before taking a bath.
バスに乗る前に、あそこで きっぷを買ってください。
Buy a ticket over there before you board the bus.

13 After doing 〜

verb て	+ から	or

verb plain past	+ あと(で)

Note: 1 Depending on the sentence, 〜てから and 〜たあとで are interchangeable.
2 〜てから can often mean 'since'.
3 〜たあとで tends to express the idea of doing something **after** in contrast to before.

Examples:
1 夕食(ゆうしょく)を食べた後(あと)で、おんせんに入りましょう。
食べて から、
Let's get into the hot spring after we have eaten dinner.
2 学校を出てから、店で はたらいています。
Since leaving school, I have been working in a shop.
3 ご飯を食べた後で、おかしを食べてもいいですよ。
You can eat sweets after you have eaten your dinner.

Be careful not to confuse 〜たから (**because** I did something)
with 〜てから (**after** doing something).

れんしゅう

1 Complete the sentences.
  a) 買い物に行く前に、＿＿＿＿＿＿＿＿＿＿＿＿＿＿＿＿＿＿
  b) うちを出る前に、＿＿＿＿＿＿＿＿＿＿＿＿＿＿＿＿＿＿
  c) ＿＿＿＿＿＿＿＿＿＿＿＿＿＿＿＿ 前に、しゅくだいをしましょう。
  d) ＿＿＿＿＿＿＿＿＿＿＿＿＿＿＿＿ 前に、電話をかけてください。
  e) ステーキを食べた後で、＿＿＿＿＿＿＿＿＿＿＿＿＿＿＿＿
  f) サッカーをした後で、＿＿＿＿＿＿＿＿＿＿＿＿＿＿＿＿
  g) ＿＿＿＿＿＿＿＿＿＿＿＿＿＿ 後で、手を洗わなければなりません。
  h) ＿＿＿＿＿＿＿＿＿＿＿＿＿＿＿ 後で、新聞を読みました。

2 Using the schedule of the last day of the school camp, write a letter to your penfriend describing your activities. (Use 前に, 後で and ～てから.)

6:30	Jogging as far as the lake	3:00	Horse riding
8:00	Breakfast	6:00	Cooking dinner
9:00	Swim at the beach	7:00	Dinner
11:00	BBQ at the park near the beach	8:00	Camp fire and entertainment
1:00	Canoeing on Black River		

イディオム

よろしい ですか (will that be all right, Sir/Madam?) is a polite expression commonly used in the service industry.

In reply, you should answer either はい、けっこうです。or はい、いいです。 (Yes, that's fine.) or そうですね。ちょっとつごうがわるいです。(Hm. It's rather inconvenient.)

はい、よろしいです   means 'Yes, you may' and is used to give permission.

14 Asking for, giving clarification/confirmation

'query'	+ というのは	clarification in plain form	+ という ことです（か）
		noun	+ の ことです（か）

Examples:

「二食付」というのは 朝食と夕食が ついている ということですか。

Does 'nishokutsuki' mean that breakfast and dinner are included?

「みんしゅく」というのは、安くて小さいりょかん のことです。

What we call 'Minshukus' are small and cheap ryokans.

れんしゅう

1 Mark the following clarifications True (T) or False (F).
   a) おんせんというのは ホットスプリングのことです。
   b) オートキャンプというのは、車でキャンプに行くということです。
   c) まんしつというのは、へやが、ぜんぜん あいていないということです。
   d) えんかいというのは みんなでおんせんにはいるということです。

2 Complete the following questions using ～ということですか。or ～のことですか。
   a) ようしつというのは ....
   b) おばというのは ....
   c) ゴールデンウィークというのは ....
   d) りょかんというのは ....
   e) マリン・バイオロジーというのは ....

Reading and writing Kanji

Kanji	Stroke order	Reading	Meaning	A way to remember
	8	と（まる） と（める） *はく *ぱく	*to stay over night to provide lodging*	When you **stay over night**, you need water and 白 (white) sheets and towels.
	7	あし た（りる） *そく、 *ぞく	*foot, leg* *to be sufficient*	A mouth 口, joined up with part of 正しい, plus 人. Don't put your **foot** in your mouth to be correct.
	 10	たび *りょ	*travel, journey*	方 (the torch showing direction) plus someone taking a rest after a **journey**.
	10	かえ（る） *き	*to return (home)*	Looks like katakana リ plus katakana ヨ yo(u) over a banner to welcome YOu home when you RIturn.
	3	ゆう *せき	*evening*	The new moon can be seen in the **evening**.
	9	ひる *ちゅう	*noon, daytime*	The sun peeps through a window with curtains during the **daytime**.
	9	むろ *しつ	*store room* *room*	Between the roof and the earth 土 there is one 一 katakana mu ム to show the **rooMU**.
和	8	やわ（らぐ） *わ	*to tone down* *to soften* *peace, Japan*	He has a wooden (木) pipe of **peace** in his mouth (口) in Japan.

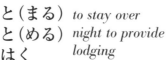 **Compounds**　Can you guess the meanings?

一泊	いっぱく	旅館	りょかん	夕食	ゆうしょく
足跡	あしあと	和室	わしつ	昼食	ちゅうしょく

Additional Kanji for addresses

Kanji	Stroke order	Reading	Meaning	A way to remember	
市	ヽ 亠 广 古 市 5	いち *し	a market city		The road sign gives the name of the **city**.
区	一 フ ヌ 区 4	*く	ward, section		A box with an x on the top. Inside are the records of the **city**.
県	丨 冂 日 目 目 県 卑 県 県 9	*けん	prefecture		Eye 目 plus part of a window over small 小. The eye of the governor of the **prefecture** looks out at the small people.
京	ヽ 亠 广 古 亯 亨 京 京 8	*きょう	capital		The Mayor of the **capital** wears a top hat, and his mouth 口 is open, but his legs are small 小.
都	一 十 土 耂 者 者 者 者 都 都 11	みやこ *と *つ	capital, metropolis		The Earth 土 is connected to the sun 日 by a ray of light over the **capital**. The B is for big city.
府	ヽ 亠 广 广 府 府 府 府 8	*ふ	urban prefecture		The **urban prefecture** began with the first 人 who lived in a cave. They attached pictures to the wall with glue.
様	木 木 栏 栏 栏 栏 样 样 様 様 14	さま *よう	Mr, Mrs, Ms way, style		With a shepherd's crook 木, Mr, Mrs, Ms Shepherd take their sheep 羊 to the water 水.

Compounds

Can you read the following?

東京都	石川県	秋田県	西田様
小林様	石川様	京都市	北海道
大阪市	南町	山田様	北川様
大田区	西区	山口様	南区
秋田県	高知県	京都府	大阪府
青森県	山口市	夏目様	山口県

5月3日　水曜日　天気　晴れ

お昼ごろ，ふくしま県の小さいユースホステルについた。ここに来る前に，たくさんの民宿や旅館に電話したけれど，みんな いっぱいで よやく できなかった。だから ユースホステルに泊まることにした。この〝あまの川ユースホステル〟は，とても しずかで，ゴールデン・ウィークでも人が あまり 泊まっていない。人が多いところは，あまり 好きじゃないから，ぼくたちはここが とても 気に入った。

それに，おんせんも あって，ぼくも はじめて入ってみた！すごく あつくて とびあがってしまった!! おんせんに 入った後で，竹の子と わらびの夕食を食べた。春，山の中には，こんな 山の しょく物が，たくさん あるそうだ。ちょっと へんな あじ だった。ねる前に，みんなで キャンプファイヤー をかこんでうたを うたった。あーぁ，もう 町へは 帰りたくない。あしたの 朝は，できるだけ 早く おきて，バードウォッチングを したい。それから みずうみで

カヌーに のろう。

あー，あしたが

楽しみだ なぁ…。

バ竹の子
たけ
(bamboo shoots)

わらび
(brackens)

分かりましたか

Make an advertisement for Amanokawa Youth Hostel.

Vocabulary

あ	あちこち	*here and there*
	いっぱく（一泊）（する）	*for one night, to stay one night*
	ウォッシュレット	*a toilet which showers, blow dries and warms the user*
	〜えん（園）	*〜 park, garden*
	えんかい	*dinner party, banquet*
か	かこむ ⓤ	*to surround*
	〜を かこんで	*(do something) around 〜*
	きがえる ⓡ	*to change one's clothes*
	きにいる（気に入る）ⓤ	*to like, be pleased with*
	くうき（空気）	*air, atmosphere*
	グルメ	*gourmet*
	けしき	*scenery*
	けっこう	*fine, splendid, excellent*
	けん	*counter for buildings*
	こころ	*heart*
	さそう ⓤ	*to invite*
さ	サービスりょう（料）	*service charge*
	ジェットバス	*spa bath*
	しょくぶつ（植物）	*plants*
	（お）しろ	*castle*
	ぜい	*tax, rates*
	ぜんこく（全国）	*the whole country*
	ぜんしつ（全室）	*all of the rooms*
た	チンチン電車	*tram, streetcar*
	ついて（付いて）いる ⓡ	*to be attached, included*
	つき（付）	*including, part and parcel, with*
	できるだけ	*as 〜 as possible (see idiom)*
	とまる（泊まる）ⓤ	*to stay (overnight)*
は	はくぶつかん	*museum*
	はだ	*skin*
	はっけん（する）	*discovery, to discover*
	はやめに（早めに）	*earlier, ahead of time*
	ふくむ ⓤ	*to contain, include*
	べつ	*separate, difference, discrimination*
ま	みずうみ（湖）	*lake*
	めいぶつ	*noted product, specialty*
や	ようしつ（洋室）	*Western-style room*
	よし	*all right, OK*
	よやく（する）	*booking, to book*
	よろしい	*very well, that's good*
ら	りょうきん（料金）	*charge, fee, fare*
	りょかん（旅館）	*Japanese traditional-style inn*
わ	わしつ（和室）	*Japanese-style room*

何に乗って行こう？
の
How shall we get there?

新幹線ご案内
しんかんせん　　あんない
bullet train.　information

新幹線のない所は何に乗って行くのですか...
だいじょうぶ。日本のすみずみまでJRは はしっています。

東北・山形新幹線　：東北新幹線は
とうほく　　やまがた　　　　　東京から福島、仙台、盛岡
　　　　　　　　　　　　　まで。山形新幹線は福島から
　　　　　　　　　　　　　分かれて山形まで。

上越新幹線　：東京から大宮、高崎、
じょうえつ　　　　長岡、そして新潟まで。

① 盛岡　（もりおか）
② 山形　（やまがた）
③ 仙台　（せんだい）
④ 福島　（ふくしま）
⑤ 大宮　（おおみや）
⑥ 高崎　（たかさき）
⑦ 長岡　（ながおか）
⑧ 新潟　（にいがた）
⑨ 東京　（とうきょう）
⑩ 名古屋（なごや）
⑪ 京都　（きょうと）
⑫ 新大阪（しんおおさか）
⑬ 新神戸（しんこうべ）
⑭ 岡山　（おかやま）
⑮ 広島　（ひろしま）
⑯ 博多　（はかた）

東海道・山陽新幹線：東京から名古屋、京都、新大阪、
とうかいどう　　さんよう　　　神戸、岡山、広島、
　　　　　　　　　　　　　　そして九州の博多まで。

分かりましたか

1 If you want to travel from Tokyo to Morioka, which Shinkansen line will you book?
2 How will you get around in Hokkaido?
3 Using the Shinkansen, how will you get from Nagoya to Niigata?

サービスコーナーは、いろいろな物を
売っているよ。おべんとうやおかし、
飲み物、おみやげも。コンビニとにてい
るよね。まんがなども売っているよ。

〔7・11号車〕

電話をかけたい？
テレホンコーナーから
かけよう。

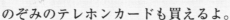

のぞみのテレホンカードも買えるよ。

「のぞみべんとう」だ。
わぁ、おいしそう。
どれが一番おいしいかな。
（のぞみ弁当 1,000円）

分かりましたか

1 新幹線には、ひかり号、こだま号、のぞみ号があります。一番早いのはどれでしょう。じこくひょうを見て、しらべましょう。
2 新幹線に乗っていて、おなかがすいた時はどうしますか。
3 のぞみから電話をかけたい時はどうしますか。

東海 西日本 東海道・山陽新幹線 下り

予約コード	01203	02563	01035	01311		01205	02409	01103		11005		01155	01155	02565	01139	01207	02567	02411	01081		01209	予約コード
	ひかり	こだま	ひかり	ひかり		ひかり	こだま	ひかり		のぞみ		ひかり	ひかり	こだま	ひかり	ひかり	こだま	こだま	ひかり		ひかり	
列車名	203 個室	563	35	311		205	409	103		5		155	155	565	139	207 個室	567	411	81 個室		209 個室	列車名
季節・臨時			◆	◆								◆	◆									季節・臨時
発車番線	⑲		⑭	⑮		⑯	⑲	⑰		⑭						⑯		⑮	⑱		⑰	発車番線
東京発	714	…	721	724	（8月11・12日は全車指定席）	728	735	742	（7月26日↓9月30日は 個室に変更）	756	（全車指定席）	…	…	…	…	800	…	803	807	（1～3人用個室のみ連結）	814	とうきょう
新横浜〃	レ	…	757	741		744	751	レ		レ		…	…	…	…	レ	…	820	823		レ	しんよこはま
小田原〃	レ	…	レ	レ		803	812	レ		レ		…	…	…	…	レ	…	844	レ		レ	おだわら
熱海〃	レ	…	レ	レ		レ	823	レ		レ		…	…	…	…	レ	…	855	レ		レ	あたみ
三島〃	レ	…	レ	レ		レ	834	レ		レ		…	…	…	…	レ	…	909	レ		レ	みしま
新富士〃	レ	…	レ	レ		レ	847	レ		レ		…	…	…	…	レ	…	923	レ	…	レ	しんふじ
静岡着	レ	…	レ	レ		レ	900	845		レ		…	…	…	…	レ	…	937	レ	…	レ	しずおか
静岡発	レ	…	レ	レ		レ	901	848		レ	…	（ファミリーひかり）で運転・こどもサロン連結	…	…	…	レ	…	938	レ	…	レ	
掛川〃	レ	…	レ	レ		レ	924	レ		レ	…		…	…	…	レ	…	958	レ	…	レ	かけがわ
浜松〃	レ	…	レ	レ	…	レ	936	914		レ	…		…	…	…	レ	…	1012	レ	…	レ	はままつ
豊橋〃	レ	…	レ	レ	…	レ	956	レ		レ	…		…	…	…	レ	…	1031	レ	…	レ	とよはし
三河安城〃	レ	…	レ	レ	…	レ	1014	レ		レ	…		…	…	（ウエストひかり）12両編成・	レ	…	1052	レ	…	レ	みかわあんじょう
名古屋着	902	…	914	918	…	924	1027	949		933	…		…	…		952	…	1106	959	…	1002	なごや
名古屋発	•904	…	916	920	…	925	1029	950		935	…		…	…		953	…	1107	1001	…	1004	
岐阜羽島〃	レ	（6両編成・なし）	レ	レ	…	レ	1044	レ		レ	…		…	（6両編成・なし）		レ	（6両編成・なし）	1120	レ	…	レ	ぎふはしま
米原着	レ		レ	レ	…	950	1100	レ	…	レ	…		…			レ		1135	レ	…	レ	まいばら
米原発	レ		レ	レ	…	954	1101	レ	…	レ.	…		…			レ		1142	レ	…	レ	
京都着	949		959	1006	…	1018	1125	1033	…	1011	…		…			1036		1206	1045	…	1049	きょうと
京都発	950		1000	1007	…	1020	1126	1034	…	1012	…		…			1037		1207	1047	…	1050	
新大阪着	1007		1017	1023	…	1036	1143	1050	…	1026	…		…			1053		1223	1104	…	1107	しんおおさか

分かりましたか

1 Using the section of timetable above find the following.
   a) The names of the Shinkansens.
   b) The platform from which they depart.
   c) The time of departure from Tokyo.
   d) The times of arrival in Shin Osaka.

2 You are in Tokyo and want to get to Nagoya before 10 a.m.
   a) Which shinkansen will you choose?
   b) What time should you arrive at Tokyo station?

3 Guess the meaning of:
   a) 列車名
   b) 発車番線
   c) 東京発
   d) 新大阪着

電車

There are many different train systems in Japan. The Japanese government runs JR (Japan Rail), which includes the Shinkansen (the bullet train), a range of express trains, limited express trains and slower local trains covering the whole of Japan. In the large cities, the chikatetsu carries millions of people daily, mostly below the ground. Besides JR, there are many private rail companies which also run express trains, local trains and subway systems.

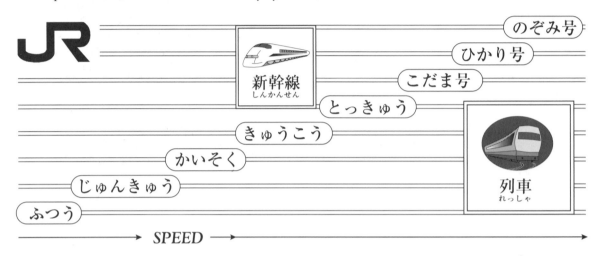

JR

新幹線
しんかんせん

のぞみ号

ひかり号

こだま号

とっきゅう

きゅうこう

かいそく

列車
れっしゃ

じゅんきゅう

ふつう

→ SPEED →

ふつう電車

15 Identifying/describing: Relative clauses 2

A noun can also be modified (described) by a clause containing a verb.
The negative form of the verb is dealt with here.
Note: If the clause has a subject, particle は is replaced by が or の.
　　　　The verb in the clause is always in plain form.

Compare the following.
しんかんせんは ありません。　There are no Shinkansens.
しんかんせんが／の ないところ...　Places that have no Shinkansens...

```
                          clause
┌─────────────────────────────────────────┬──────────┐
│ (subject ＋が／の  verb plain negative    │ ＋ noun   │
└─────────────────────────────────────────┴──────────┘
```

Examples:
私が 食べなかった 駅弁は どうぞ食べてください。
Please eat the ekiben that I did not eat.
あしたのパーティーに行かない 女の子を 知っていますか。
Do you know the girl who is not coming to the party tomorrow?

れんしゅう　Express the following in Japanese. Make sentences using the clauses.

1　people who have no money...
2　children who don't want to drink milk...
3　places where it doesn't rain...
4　a student who did not swim...
5　the house that I did not buy...
6　the ekiben that the children did not eat...

しまった！ カメラをおきわすれた！

分かりましたか

1 Working in pairs, pretend that you are Shinichi or Emiko.
  Phone your friend and tell what happened on the journey to Takayama.
2 Complete the story.

16a Expressing uncertainty, whether or not

1	verb	plain form (all tenses)	+ かどうか	しりません + わかりません おぼえていません
	い adjective			

Examples:

来年、日本に行くかどうか わかりません。
I don't know if (whether) I am going to Japan next year or not.
本田さんは、その旅館に、泊まったかどうか わかりませんか。
Do you know if (whether or not) Miss Honda stayed in that ryokan?
あのレストランのステーキは、おいしいかどうか 知りません。
I don't know whether that restaurant's steak is delicious or not.

2	noun or な adjective だ	+ かどうか	しりません + わかりません おぼえていません
	noun or な adjective だった		

Examples:

カイリー・ミノーグは、日本で有名かどうか 知りません。
I don't know whether Kylie Minogue is famous in Japan or not.
北山さんは、いい人か どうか知りませんよ。
I have no idea if (whether) Mr Kitayama is a good person or not.
その町は、しずかだったかどうか、おぼえていません。
I don't remember whether that town was quiet or not.
秋子さんは、かんごふだったかどうか 知っていますか。
Do you know whether (or not) Akiko used to be a nurse?

Note: The final verb can also be positive when asking a 'whether or not' question, as in the last example.

れんしゅう

You are not sure about the following. Describe them as best you can, using
〜かどうか〜ませんが、...
Example: その旅館 ・・・その旅館は、高いかどうか知りませんが、
とてもしずかです。

1 駅べん ・・・
2 京都 ・・・
3 その民宿(みんしゅく) ・・・
4 ちかてつ ・・・
5 そのホテルのりょうきん ・・・
6 のぞみ号 ・・・

When you want to say 'I don't know whether it is this or that', don't use 〜かどうか.

Instead, just line up the two ideas followed by か.

Example: パーカーさんは、イギリス人か、アメリカ人か、知っていますか。

日本へ、今年行くか、来年行くか、まだ、わかりません。

16b Expressing uncertainty—with questions

question words such as いつ，だれ 何，どんな どうして，なぜ	sentence (plain form) か	+ しりません わかりません おぼえていません

Examples:

どこにおいたか、おぼえていないよ。 I don't remember where I put it.

電車はいつ出るか、知りません。 I don't know when the train leaves.

何でそこに行くか、まだ分かりません。 I don't yet know how I'm going there.

だれがきっぷを買ったか、知らないよ。 I don't know who bought the tickets.

なぜ駅べんは まずいか、分からない。 I don't know why the ekiben is tasteless.

れんしゅう

Answer the following questions about the cartoon using the above patterns.

Example:

どうしてジェーンさんは高山へ行きましたか。

どうして行ったか分かりません。

1 ジェーンさんは ぎふ駅でどんな駅べんを買いましたか。
2 ジェーンさんはいつ高山から帰りますか。
3 ジェーンさんの友達も駅べんを食べましたか。
4 電車は何時に高山に着きましたか。
5 ジェーンさんの友達の名前は何といいますか。
6 電車はふつう電車ですか。
7 ジェーンさんは何曜日に高山へ行きましたか。
8 ぎふ駅では、ばいてんがいくつありますか。

17 Giving a warning (so as not to . . .)

verb ない form	+ように

Examples:

わすれものが <u>ないように</u> 気をつけてください。

Take care not to leave anything behind. (Take care not to have lost property.)

しゅくだいを <u>わすれないように</u>してください。

Don't forget your homework. (Act in such a way as not to forget your homework.)

あしたのミーティングに、<u>おくれないように</u>、早めに うちを出てください。

Please leave home early so as not to be late for the meeting tomorrow.

まどから、<u>手を出さないように</u> おねがいします。

We request you not to put your hands out of the window.

れんしゅう

Give warnings using 〜ないように...

Example:

サービス・ステーション ・・・ タバコをすわないように、気をつけてくださ

1 きたない川 ・・・
2 スーパーのパーキング ・・・
3 バスの中 ・・・
4 駅のホーム ・・・
5 日本の家の中 ・・・

聞きましょう

Listen to Jane reporting the loss of her camera.

1 What words are used when approaching the station worker?

2 How does Jane express 'I lost something on the station'?

3 At which station does Jane think she left the camera?

4 Using the diagram, indicate where Jane thinks she left the camera.

売店						売店 ばいてん

高山 ← 　　　　　　　　　　　　　　　　　　　　　　　 → なごや

電車						

5 Describe Jane's camera.

6 What does the station worker say that he will do?

★★★★ 日豪ニュース ★★★★
シリーズ

☆オーストラリア人の日本旅行たいけんを聞く！ ― 今月はJRについてのいけん

"レールパスは すばらしい！"
　　M.T. シドニー

私は、オーストラリアでレールパスを買って、持っていったんですが、日本では、あちこち どこでも、このパスで旅行できて、すごく、べんりでした。きっぷを買わなくてもいいから、時間がせつやくできます。それから、もちろん、お金も、せつやくできますよ！

"駅べんは おいしい"
　　P.C. ブリスベン

私は、日本りょうりが大好きで、とくに、駅べんは、日本旅行の時には、いつも楽しみにしているんです。駅べんには、いろいろなものが、入っていて、これは何かなあ... と思ったり、時々、肉かどうか、わからなかったりします。

"駅べんマズイ！" yuk
　　D.R. パース

駅や、れっしゃの中で、いろいろな駅べんを うっているけど、へんなものがいっぱい入っていてこまるんですよ！いつも、駅べんは、まずいなあ... と思っています。

"ふつう電車で のんびり..."
　　P.B. ゴールド・コースト

私は、のんびり、ふつう電車に乗って旅行するのが好きで、いそがない時は、ふつうで行きます。きゅうこうや、とっきゅうとくらべて、ふつうはのんびりできていいね。ゴットン、ゴットン。

"地下鉄のラッシュは たいへん！"
　　A.B. キャンベラ

ちょうど、ラッシュ・アワーの時間に電車に乗ってしまったんです！ホームも、電車の中も、ものすごい人！おりたい駅でおりることができなかったから、さあ、たいへん！ やっと、どこかで、おりることができたんですが、どこで、おりたかぜんぜん、わかりませんでした！！

"新幹線は すごいスピードで はしる！" 　A.J. メルボルン
日本旅行は、やっぱり、新幹線が、一番はやくていいと思いますね。きゅうこうやじゅんきゅうに くらべて、ずいぶん、お金がかかりますが......。でも、私は、いつも、じゆうせきに 乗るんです。していせきよりは、少し、やすいですよ。

分かりましたか

1　駅べん というのは何のことですか。
2　どうしてレールパスは すばらしいと思いますか。
3　じゆうせき というのは どんなせきですか。
4　地下鉄のラッシュは どう思いますか。
5　どうしてP.B.はふつう電車のほうが好きなんでしょうか。

駅の自動けんばいき

Read the instructions for using the ticket vending machine and label the diagram.

　　きっぷは、駅の自動けんばいきで買うことができます。お金を入れて、料金ボタン
をおすと、下から、きっぷと、おつりが出てきます。まず、行きたい駅までの料金を、
料金表でチェックして、それから、お金をスロットに入れます。そして、料金ボタン
をおしてください。

　　こどものきっぷを買いたい時は、"子"のボタンをおしてください。こどものきっぷ
は80円から、240円までです。おとなのきっぷは、160円から、340円までです。

　　千円さつは、右の上のスロットに入れてください。おつりは、下から出てきます。
10円、50円、100円は、こうかを、小さいスロットに入れてください。投入金額は、
お金を入れた後で、デジタルで出てきますから、チェックしてください。

　　とりけしたい時は、とりけしのボタンをおしてください。下から、お金が出てきま
す。左の1から4までの番ごうは、きっぷを1まい買いたい時は、1をおして、2ま
い、3まい、4まいの時は、それぞれ、2、
3、4を、おしてください。

　　入場券は、ホームに入りたい時、たとえば、
人をホームまで、おくりたい時などに、買っ
てください。おとなは120円で、こどもは60円
です。

　　それから、この自動けんばいきは、JRで
すが、ほかにも、いろいろあります。自動け
んばいきでは、ふつう、近距離きっぷと、入
場券が買えますが、とおい駅に行く時は、ま
どぐちで、きっぷを買ってください。

自動（じどう）　投入金額（とうにゅうきんがく）
入場券（にゅうじょうけん）　近距離（きんきょ
り）　料金表（りょうきんひょう）

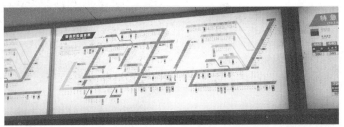

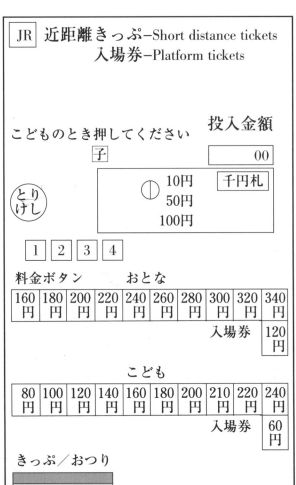

| JR | 近距離きっぷ–Short distance tickets |
| | 入場券–Platform tickets |

こどものとき押してください　　投入金額 `00`

子　　　とりけし　　(|) 10円 50円 100円　　千円札

`1` `2` `3` `4`

料金ボタン　　おとな

160円	180円	200円	220円	240円	260円	280円	300円	320円	340円

入場券　120円

こども

80円	100円	120円	140円	160円	180円	200円	210円	220円	240円

入場券　60円

きっぷ／おつり

Can you read the following signs?

Reading and writing Kanji

Kanji	Stroke order	Reading	Meaning	A way to remember
駅	厂 厂 馬 馬 馬 駅 駅 駅 駅 14	えき	station	A horse 馬 is tied up to a hitching post at the early **station**.
地	一 十 土 圹 圹 地 6	*ちじ	earth, ground	**Earth** 土 on the left. On the right an earth moving bucket scoops out the **ground**.
鉄	ノ 厽 仐 牟 金 釱 釱 鉄 鉄 13	*てつ	iron, steel	**Metal** 金 on the left + a person 人 beating ノ the 二 slabs of **iron** taken from the furnace.
乗	ノ 二 三 千 弄 弄 垂 乗 乗 9	の（る） の（せる） *じょう	to ride to let ride	You cannot **ride** this donkey because it is carrying a load on either side. Katakana no ノ forms its head.
右	ノ ナ 大 右 右 5	みぎ *ゆう *う	right	Use the **right** hand to put food in the mouth 口
左	一 ナ 大 左 左 5	ひだり *さ	left	A right-handed person holds the ruler in the **left** hand to draw a line.
発	ノ ブ プ プ プ プ 癸 癶 発 9	はっ（する） *はつ *ぱつ	to fire, emit, issue departure	A picture of a tent with the door open because someone is about to **depart**.
着	丷 丷 丷 羊 芏 羊 荠 着 着 12	き（る） つ（く） *ちゃく	to wear to arrive	A sheep 羊 provides wool for a sweater— which we pull over our eyes 目 **to wear.**

Compounds Can you guess the meanings?

着物	きもの	鉄道	てつどう	左右	さゆう
出発	しゅっぱつ	駅前	えきまえ	乗り物	のりもの

本当にかんしゃしています
ほんとう

はいけい。私は、ジェーン・ドナヒューともうします。先月、なごやから、高山まで、JRの電車で旅行しました。電車が、と中、ぎふ駅でとまった時、駅べんを買うために、電車をおりました。五分間しかありませんでしたから、とても、いそいでいました。それで、カメラを駅の売店にわすれてしまったんです。電車にもどって、十五分ぐらい後で気がつきましたが、もうカメラはもどってこないと思って、あきらめていました。

高山駅に着いてから、駅いんさんに話して、ぎふ駅に電話をかけてもらいました。そうしたら、カメラは、売店の人が見つけてくれたそうです。そして、駅いんさんが高山駅までおくってくださいました。

おかげ様で、私のカメラは、ぶじにもどってきました。本当にありがとうございました。日本は、しんせつな人が多い国だと思いました。八月に、シドニーへ帰りますが、いい思い出ができました。

本当に、かんしゃしています。売店の人にも、どうぞよろしく。

かしこ

六月三日

ぎふ駅 駅長様

ジェーン・ドナヒュー

分かりましたか

Using the clues in the letter, guess the meaning of the following phrases.

1 と中（とちゅう）
2 気がつきました。
3 もどってこない
4 あきらめていました。
5 そうしたら
6 本当にかんしゃしています。
　ほんとう
7 駅長様
　えきちょうさま

? Which phrases are the equivalent of:
1 Dear Sir/Madam?
2 Yours faithfully?

Vocabulary

あ	あきらめる ⓡ	*to give up*
	あちこち	*here and there*
	えきべん（駅弁）	*station lunch box*
	おうふく	*round trip (return ticket)*
	おかげさま（様）で、おかげで	*thankfully*
	おす ⓤ	*to push*
	（を）おりる ⓡ	*to get off, descend from*
か	か（買）える ⓡ	*can buy*
	かたみち	*one-way trip (one-way ticket)*
	かんしゃ（する）	*thanks, gratitude, be thankful*
	き（気）がつく	*to notice*
	きゅうこう	*express train*
	ごう（号）	*counter for numbers and train names*
	こうか	*coins*
	ゴットン、ゴットン	*kclunk, kclunk*
	こまる ⓤ	*to be troubled, distressed, perplexed*
さ	さがす ⓤ	*to search for*
	じこくひょう（時刻表）	*timetable*
	じどう（自動）けんばいき	*automatic ticket vending machine*
	しゃない（車内）はんばい	*selling on the train, vending trolley*
	じゆうせき	*non-reserved seat*
	しらべる ⓡ	*to investigate, examine, enquire*
	すみずみ	*every nook and cranny, everywhere*
	〜せい	*made in 〜*
	そうしたら	*as a result*
	それぞれ	*each, respectively*
た	ちかてつ（地下鉄）	*subway rail*
	つかえる ⓡ	*can use*
	とくに	*especially*
	とちゅう（と中）	*during the journey, on the way*
	とっきゅう	*special express train*
	とまる ⓤ	*to stop*
な	にゅうじょうけん	*platform ticket, entry ticket*
	のんびり	*leisurely, without pressure*
は	〜ばんせん	*platform number 〜*
	ぶじに	*safely*
ま	まずい	*unpalatable, unpleasant tasting*
	まにあう ⓤ	*to be in time*
	みつかる ⓤ	*be found, discovered*
	もどる ⓤ	*return, go back, retrace steps*
	ものすごい	*ghastly, terrible, frightful*
ら	りょうきんひょう（料金表）	*fare chart*
	れっしゃ	*railway train*
	れんらく（する）	*connection, to contact*
わ	わ（分）かれる ⓡ	*to split, diverge from, be divided*
	わすれもの	*lost property*

観光業とアルバイト
Tourism and part-time jobs

In these three units you will learn how to:
- understand and/or use Keigo
- behave as a tour guide to Japanese tourists
- understand tour guides in Japan
- behave as a shop assistant in a tourist shop
- understand shop assistants in Japan
- give and understand directions
- behave as a waiter catering to Japanese tourists

ツアーガイド
Tour guide

The following interviews appeared in a Senmongakko (TAFE College) newsletter. Find out what kind of person is suitable for the job of tour guide.

ツアーガイドのてきせいについて、旅行会社のマネージャーのいけんを聞いてみました。

パラダイス・ツアー 　コアラ・トラベル

早川さん

ツアーガイドには どんな人をもとめますか。

わかくてエネルギッシュな人がいいですね。ガイドは、そのツアーのかおです。やっぱり、元気であかるい人が一番です。また、しんせつで、人の世話ができるということが大切だと思います。いろいろなトラブルがおきますから。トラブルを、きちんとしょりすることがとても大切です。

前田さん

ツアーガイドに大切なことは何でしょうか。

英語も日本語も上手に話すこと。日本語のけい語をきちんとマスターしていること。そして、だまらないことです。

あのう、「だまらないこと」というのはどういうことですか。

ガイドは、バスの中では、できるだけいろいろな話をする方がいいのです。だまっているガイド、ガイドをしないガイドはつまらないですからね。

そのツアーが おもしろくなるかどうか、キーポイントはガイドなんですよ。

なるほど!

サンシャイン・ツアー

高木さん

ツアーガイドにもとめることとは?

まず、仕事を休まないこと。ほかの仕事も同じだと思いますが・・・

そして時間におくれないこと。せきにんがおもいですから・・・

"ちこくをするガイド" なんて、ぜったいにだめですね。

わかりました。ほかには、何か?

よくべんきょうすることも大切です。

べんきょう・・・ですか。

ええ。おもしろいガイドをするためには、いつも、新しいちしきとじょうほうをあつめなければなりません。

その町のれきしや、エピソードを知ることも、ひつようです。いいガイドになるのはむずかしいですね。

分かりましたか

1 Make a list of the attributes required for the job of tour guide.

2 Prepare a dialogue in Japanese between the manager of a tourist company and an applicant for the job of tour guide.

イディオム

1 ～なんて is used in various ways. In the text it means 'such a thing as' or 'such people as'.

ちこくをするガイドなんて、ぜったいに だめですね。

Such people as unpunctual guides are absolutely useless, aren't they?

日本で日本語を話したくない留学生なんて、いないと思う。

I think that there is no such a thing as an exchange student who does not want to speak Japanese in Japan.

2 なんて～ can also mean 'what a' or 'such a' as in:

田中さんは なんてしんせつな人でしょう。

What a kind person Mr Tanaka is. (Mr Tanaka is such a kind person.)

なんて大きい いちごでしょう。

What big strawberries. (Such big strawberries.)

18 Identifying/describing: Relative clauses 3

A noun can also be modified (described) by a clause containing a positive verb.

Note: If the clause has a subject, particle は is replaced by が or の.
The verb in the clause is always in plain form.

Compare the following.

ガイドはだまっています。　The guide is silent.

だまっているガイド......　Guides who are silent...

clause	
(subject ＋が／の)verb plain form	＋

Examples:

あそこにすわっている 女の人は どなた ですか。　(どなた is politer than だれ)

Who is the lady <u>sitting over there</u>?

赤いセーターをきている 人を知っていますか。

Do you know the person <u>wearing the red sweater?</u>

私が買った 1,000円の駅べんはあまりおいしくなかったんです。

The ¥1000 ekiben <u>that I bought</u> was not very tasty.

れんしゅう

Ask who each of the following are using a clause construction.

Example: ジーンズをはいている人は だれですか。

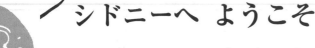

シドニーへ ようこそ

みなさま、シドニーへようこそ、いらっしゃいました。

私はガイドの、ニーノ・トスカーノともうします。

どうぞよろしくおねがいいたします。みなさまは、今朝早く、

オーストラリアに おいでになりましたが、おつかれではありませんか。

シドニーは、おとといから 雨がふっていましたが、

今朝は、晴れて、いいお天気になりました。

シドニーはオーストラリアで一番大きい町で、人口は、やく 6 百万人、

ニューサウスウェールズ州の州都です。

オーストラリアの広さは、日本のやく21ばい。

人口は、やく千 8 百万人で、これは日本のやく 7 分の 1 です。

人は少ないんですが、そのかわり 羊はたくさんいますよ。
ひつじ

ほんと！
ペラペラね

この人 日本
語が上手だね。

19 Expressing fractions　分（ぶん）

Fractions are expressed the opposite way round to English.

1/2　2 分の 1 (of two parts, one)

3/4　4 分の 3 (of four parts, three)

2/3　3 分の 2 (of three parts, two)

> *Note*: How much is 2/3 of 12?
> is expressed
>
> 12の 3 分の 2 は いくつですか。

Note: 分（ぶん）there are no phonetic changes as there are when counting minutes.
Half can also be written 半分（はんぶん）.

れんしゅう

Read out loud then write the following fractions in Japanese.

1/3, 1/4, 1/5, 2/5, 1/10, 3/8, 2/7, 4/5, 5/6, 9/10

ここが有名なシドニー・オペラハウスでございます。とてもめずらしいたてものですね。
これは、ヨットのセイルのかたちのデザインだそうです。これをデザインした人は、
デンマークのジョン・ウォッツォンというけんちくかです。ジドニーで 一番美しい
ベネロングみさきに 1億2千万ドルをかけて、1973年にかんせいしました。中には、
オペラのためのホール、コンサートホール、レストランもあります。

ここは、ザ・ロックスと言って、一番 れきしが古いところです。
今はおもしろいみせがたくさんならんでいますが、むかし、ここで
オーストラリア人が 一番はじめに、生活を はじめたのです。

しゃしんを とろう！

ちょっと おりて
店に はいりたいね。

右にまた、大きい公園が見えますが、ロイヤル・ボタニック・ガーデンです。
中には、びじゅつかんや、シドニー音楽大学などがございます。

さて、バスは ザ・ロックスから、ハイウェイに入りました。
右に見えるのは ダーリングハーバーです。

左に見えるタワーは、センターポイントタワーといいます。高さは325メートル。
タワーの上には レストランもあり、すばらしいけしきを楽しむことができます。

右に見える大きい公園はハイドパークでございます。
ハイドパークのむこうがわには、オーストラリアはくぶつかんがございます。

ウワー
きれい！

いってきまーす！

出発！

Respectful speech: 敬語(けいご)1

The use of respectful speech or Keigo is essential in the hospitality industry. Anyone who hopes to work in the industry using Japanese must master the respectful forms. Visitors to Japan will also be addressed many times a day by announcers on stations and buses, by waiters, shop assistants and tour guides in respectful language. It is necessary therefore to at least understand Keigo.

Keigo is not only used in the service and hospitality industries; it is also used to show respect for senior colleagues and important visitors. Even if you visit Japan as a student, it is quite possible that you will be welcomed to a party in your honour by someone using Keigo.

The following is a list of Keigo expressions that you already know.

お名前，ごけっこん	Honorific prefixes お or ご are used with certain nouns.
お父さま，お母さま，山田様	Honorific suffices さん or さま are used after names and titles.
お上がりください，おつかれでしょう。	お + the verb stem shows respect for the person addressed.
おはようございます。	This is the honorific form of はやいです.

Respect for the person addressed can also be shown by using honorific verbs for <u>their</u> actions and modest or humble verbs for the speaker's actions. There are various ways to make all verbs respectful which we will show you in Unit 3. There are also a few verbs that have special respectful forms.

Some commonly used humble and honorific verbs are listed below.

Keigo verb chart

Neutral polite	Honorific	Humble/modest
いきます	いらっしゃいます or おいでになります	まいります
きます		
います		おります
～ています	～ていらっしゃいます	～ております
いいます	おっしゃいます	もうします
します	なさいます	いたします
たべます のみます	めしあがります	いただきます
しっています	ごぞんじです	ぞんじています
みます	ごらんになります	はいけんします
ききます (ask)		うかがいます
あります		ございます
です	でいらっしゃいます	でございます

Note: In formal situations, when referring to people, use 方(かた), not 人(ひと).
Example: この方は 田中様とおっしゃいます。 This gentleman is Mr Tanaka.

The use of honorific and humble verbs elevates the person addressed.

おおさま
いらっしゃいますか。

れんしゅう

The following is the information that an Australian tour guide wishes to give to Japanese visitors. Change the underlined words to more suitable respectful language. Use honorific language for the tourist's actions and humble language for the guide and tourist company's actions.

みなさん、オーストラリアへようこそ来ました。私はガイドのマリー・リー といいます。どうぞよろしく。今日はいい お天気ですね。みなさんは町の有 名な所を知っていますか。まず、バスは有名なシムソン・パークに行きます。 ちょうど今、シムソン・パークできれいな春の花がさいています。みなさんは公園 でその花を見たり、レストランでモーニング・ティーを食べたり します。 今、右に見える大きいビルは町のとしょかんです。1868年にたてられました。 左に見える川はシムソン川です。むこうに、町の一番古い店があります。 午後、みなさんはその店に行って、オーストラリアのおみやげを買うことが できます。

聞きましょう

Listen to the announcement from a tour guide and fill in your diary.

| 日記 | 199_年__月__日 （　）曜日 |

今朝、日本に着いた。あしたからのツアーが楽しみだ。朝食は_____
_____ 。それからバスが_____ので、
_____ 行かなければならない。フリータイムは_____
だから、買い物に行こう。_____ を使って_____
_____ しよう。

Survey of Japanese visitors to Australia

オーストラリアに来る日本人観光客にアンケート調査をした。その結果
つぎのようなことが分かった。

50才以上の日本人には、日本人のツアーガイドがいいと言う人が多いが、
30才以下の日本人には、オーストラリア人のツアーガイドがいいと言う人が
多い。また、年をとった日本人には、グループで旅行することが好きな人が
多いが、若い日本人には一人か二人で旅行するほうが好きな人が多い。とく
に若い日本人の中には、オーストラリア人に会いたいと思っている人が多い。

分かりましたか

Using the above information, write an advertisement offering your services as a tour
guide in your area. Design your advertisement to appeal to the kind of people you
think would be likely to respond.

Kanji: special readings

Most Kanji have two or three readings but some have many. 上 and 下 are simple
Kanji but they have many different readings.

上	うえ	*up, above*		下	した	*below, lower*
	あ（がる）	*to rise, go up*			くだ（る）	*to descend, to go down*
	あ（げる）	*to raise, elevate, give*			くだ（さる）	*to give, oblige*
	のぼ（る）	*to ascend, climb*			お（りる）	*to come down, get off*
	かみ	*top, head, upper stream*			さ（がる）	*to hang down, dangle*
	*じょう	*top, best*			さ（げる）	*to lower*
					*か	*inferior, lowest*
					*げ，へ	

以上（いじょう）is a very useful compound which means 'more than'.
以下（いか）has the opposite meaning, 'less than'.
上手（じょうず）is easy to remember if you think of the 'thumbs up' sign.
下手（へた）has the opposite meaning, 'thumbs down', or 'no good'.

サザンクロスツアーズ

ゴールドコースト発の１日ツアー ……… ザトウグジラを見に行こう！

★どんなツアーですか？

まず、午前８時に、ホテルまで、おむかえにまいります。　→　ひこうきで、
ハービーベイへ。ひこうきの中から美しいコバルトブルーの海、海がんせんをごらん
ください。　→　ホエールウォッチング。しおをふき上げたり、バシャッと、水の
中から出たり入ったりして、あそんでいるクジラたちを、ゆっくり
ごらんください。　→　ひこうきでゴールドコーストへ。　→　ホテルへは、
ミニバスでお送りします。午後５時30分着。

★料金は？

お一人さま　　　349ドル

お子さま　　　　299ドル

＊15人以上のグループツアーでは
　10パーセントやすくいたします。

★日本語が話せるツアーガイドさんは？

はい、おります。

1-800-677-717 ごよやくは日本語でどうぞ

Using the information in the above advertisement, phone or write to your Japanese
friend explaining this special treat you are planning for their visit.

JANZ オセアニア スタッフ 大募集！

JANZ オセアニア、アデレード店・パース店では、スタッフを募集しております。
エネルギッシュな人！ チャレンジしてみてください！
日本語が話せる方！ こんないいチャンスはありません！
せい服などは、こちらで、ようい いたします。
＊ツアーガイドに応募なさる方はワーキングホリデービザでもけっこうです。
＊ツアーコーディネーターに応募なさる方はパーマネントビザが、ひつようです。
近くのJANZ オセアニアにお電話ください。お待ちしております。
アデレード店 (08) 221-9012　パース店 (09) 328-0172

Your Japanese penfriend is visiting you for a working holiday. Working with a partner,
prepare a dialogue explaining the information in the above advertisement.

Reading and writing Kanji

Kanji	Stroke order	Reading	Meaning	A way to remember
島	10	しま *とう	*island*	A mountain 山 rising out of the sea with a bird 鳥 resting on the **island** it forms.
話	13	はな(し) はな(す) *わ	*story* *to speak*	A mouth issuing words and a tongue wagging shows **speaking**.
羊	6	ひつじ *よう	*sheep*	A picture of the head of a **ram**.
売	7	う(り) う(る) *ばい	*sale* *to sell*	The legs ル of a man 士 can be seen under the counter where he stands **selling** goods.
美	9	うつく(しい) *び *み	*beautiful*	The large 大 merino sheep 羊 is very **beautiful**.
公	4	おおやけ *こう	*public*	A woman wearing a large hat is walking through a **public** place. She carries a bag on her bent elbow.
園	13	その *えん	*garden*	There is a fence around this **garden**. Earth 土 is mounded up beside a hole 口 with some plants ready to plant.
国	8	くに ぐに *こく *ごく	*country*	There is a border around this **country**. The king's crown jewels 玉 are in the centre.

Compounds

Can you guess the meanings?

半島	はんとう	子羊	こひつじ	美人	びじん
電話	でんわ	売店	ばいてん	公園	こうえん
会話	かいわ	売り出し	うりだし	国語	こくご

オーストラリアツアー　感動体験！

エアーズ・ロック

オーストラリアのまん中に、せかいで一番大きい、一つの、いわがある。このいわは、
まわりが10キロメートル、高さが348メートルもあって、東京タワーよりも高い！
いわの上まで、のぼってみよう！360ど、すばらしいけしきが、とおくまで見える！
マウント・オルガの山々も、とおくに見える。いわのいろが、朝、昼、夕方、それぞれ
かわるのは、とてもふしぎだ。エアーズ・ロックも、マウント・オルガも、ウルル公園の
中にあって、公園入じょう料は、10ドルぐらい。入じょうけんは、5日間、使える。
エアーズ・ロック・リゾートには、4つのホテルと、ぎんこうや、ゆうびんきょくや
マーケットがあって、小さい町のようだ。まわりのしぜんと　あうように、ホテルの
高さは13メートルまでで、そのいろも、赤い土と同じようないろだ。4つのホテル
の中の1つ、アウトバック・パイオニア・ホテルは、バック・パッカーに人気がある。
ツアーのあとは、ホテルのプールでおよいで、のんびりしよう。

　　　　　　　　　　　　エアーズ・ロックへは、アリススプリングスからひこうきで45分、
　　　　　　　　　　　　バスで6時間ぐらいかかる。

メルボルン

ヴィクトリア州の州都、メルボルンは、人口やく300万人で、オーストラリアでは、
2番目に大きい都市だ。古いたてものが多くて、中でも、フリンダース・ストリート駅や
セント・パトリックというきょうかいが有名だ。このきょうかいの中のステンドグラスは
とても美しい。メルボルンの町の中を、トラムという市電が、はしっている。このトラム
は、とてもべんりで、町のまん中から20kmくらいまで、どこへでも行くことができる。そ
して、ツーリストに大人気のトラムカーレストランは、わかいカップルで、いつもいっ
ぱいだ。にぎやかに、楽しく話している。ヤラ川のそばにすわって、ピクニックをする
のも、すばらしい。

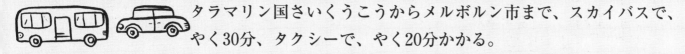
　　　　　　　　　　　　タラマリン国さいくうこうからメルボルン市まで、スカイバスで、
　　　　　　　　　　　　やく30分、タクシーで、やく20分かかる。

分かりましたか

Using the information in either of the above passages, pretend that you are a tour guide
and describe Alice Springs or Melbourne to your clients. Try to speak using Keigo.

Vocabulary

あ	あ（合）う ⓤ		*to suit, match, go together*
	あつめる ⓡ		*to gather, collect*
	いわ		*a rock*
	エネルギッシュ（な）		*energetic*
	おうぼ（する）		*application, to apply, to enter a competition*
	おきる ⓡ		*to occur, happen*
	おととい		*the day before yesterday*
か	かい（海）がんせん		*sea shore*
	かたち		*shape*
	かわる ⓤ		*to change*
	かんこうきゃく（観光客）		*tourist (polite)*
	かんせい（する）		*completion, to complete*
	きちんと		*perfectly, accurately, properly*
	けいご（敬語）		*honorific language*
	けっか		*result, outcome*
	けんちくか		*architect*
	こくさいくうこう		*international airport*
	こと		*fact, act, thing, matter*
さ	ザトウクジラ		*humpbacked whale*
	しごと（仕事）		*work, business, employment*
	しぜん（の）		*nature, natural*
	じょうほう		*information*
	しょり（する）		*management, to manage, deal with, dispose of*
	しゅと		*capital*
	せきにん		*responsibility*
	せわ（世話）		*help, assistance*
た	だまる ⓤ		*to be silent*
	ちしき		*knowledge*
	てきせい		*aptitude*
	とし（年）をとった		*aged, elderly*
な	なつかしい		*nostalgic, longed for, missed*
	ならぶ ⓤ		*to stand in line (row), to queue*
	なるほど		*I see, of course*
は	〜ばい		*〜 times*
	バシャッと		*sploosh!*
	びじゅつかん		*art gallery*
	ひつよう（な）		*necessary*
	ぼしゅう（する）		*recruitment, to recruit, advertise for*
ま	みさき		*cape, point, promontory*
	もとめる ⓡ		*to require, want, wish for*
	めずらしい		*rare, unusual, singular*
	めんせつ		*interviewing*
や	ようい（する）		*provision, to provide, prepare*
	ようこそ		*welcome*
	ゆっくり		*leisurely, slowly*

UNIT 2 店員
てんいん
The sales assistant

Souvenirs おみやげ

いらっしゃいませ！

お！ 日本語が
話せる！
ここが いい！

日本語が 話せる 店員が おります。

1 何か、
おさがしですか？

2 ええ、ちょっと...。
マカデミアナッツは、
どこに ありますか？

3 マカデミアナッツは、
こちらに、いろいろ
ございます。
どうぞ、ごらんになってください。

4 どうも、ありがとう。
日本語が お上手
ですねえ。

5 いいえ！ まだまだです。

6 うまいですョ！
ペラペラですよ！

分かりましたか

1 どうしてこの日本人はその
おみやげ店に入りましたか。
2 かれは何をさがして
いましたか。
3 はんばい員の日本語はどう
ですか。

Note:
販売員　＝　店員
はんばいいん　　てんいん

分かりましたか

1　How should a shop assistant express the following?

a) Are you looking for something?

b) Sorry to keep you waiting.

c) Please have a look.

d) Certainly, Sir/Madam

e) Please wait a minute or two.

f) I'm very sorry.

2　Discuss how you would answer the shopper's final question.

0 Possible or not possible–can/can't do

You have already learned how to say this using:
- noun + できる as in 日本語ができますか。
- dictionary form of the verb + ことができる as in およぐことができますか。

The same idea can be expressed by using the **potential** form of the verb.

How to make the potential?

う **verbs**. The dictionary form ending う is replaced by える	る **verbs**. The dictionary form ending る is replaced by られる

Examples:

あらう ＋ える ⟶ あら<u>える</u> 　たべる ⟶ たべ<u>られ</u>る
か<s>く</s> ＋ ける ⟶ か<u>ける</u> 　かける ⟶ かけ<u>られ</u>る
はな<s>す</s> ＋ せる ⟶ はな<u>せる</u>
よ<s>む</s> ＋ める ⟶ よ<u>める</u>

Irregular verbs
くる ⟶ こられる
する ⟶ できる

自分で あらえる I can wash it by myself. 　すし を／が 食べられる。 I can eat sushi.
日本語でかける。 I can write in Japanese. 　電話を／が かけられる。 It is possible to phone.
英語で話せる。 I can speak English.
かんじを／が よめる。 I can read Kanji.

Note: 1 The particle can be を or が.
　　　　2 In colloquial speech many speakers drop the ら in られる and shorten it to れる.
　　　　　For example: すしが食べれますか。 Can you eat sushi?

れんしゅう

Using the potential form of the verb, ask people if they can do the following.
Example: 今年、十七才になりましたね。  <u>もう、うんてんできますか。</u>

三年間日本語を
ならいましたね。

よく日本のりょうりを
食べますね。

けんちゃんは毎週
プールへ行きますね。

おたくにコンピュータ
がありますね。

21 Asking and answering why

Why? is expressed by either

| なぜor どうして | question in plain form の／ん　ですか。 |

Example:

なぜ／どうして　その店では、買ったおみやげを包んでくれないんですか。

Why don't they wrap up the souvenirs that I bought in that shop?

Because . . . can be expressed by either

reason (any form)	＋から or
reason verb/adj. any form noun/な adj. です noun/な adjective だ ＋ な	＋ので

Note:

ので tends to be used in more formal situations and in writing.

Examples:

かみがもったいないから（です）. . .　Because of the waste of paper . . .

包み紙がございませんので. . .　Because we don't have any wrapping paper.

The use of です is optional after から if the plain form has been used before から.

Compare A: どうして　ツアーガイドになりたくないんですか。

B: ツアーガイドは朝早く　おきなければならないから（です）。or

B: ツアーガイドは朝早く　おきなければなりませんから。

です is never used after ので. The above example using ので would be:

B:ツアーガイドは朝早く　おきなければならないので。or

B:ツアーガイドは朝早く　おきなければなりませんので。

れんしゅう

Imagine that you have a job in the hospitality industry dealing with Japanese tourists.
Answer their questions using ので or からです.

Example answer to 1. 夏はながくてあついからです。or　夏はながくてあついので。

1 どうしてオーストラリア人の男の人はショーツをはくんですか。
2 どうしてオーストラリア人の小学生は日本語をべんきょうしているんですか。
3 なぜ　はたの間で、およがなければならないんですか。
4 なぜ　このバスからコアラが見えないんですか。
5 どうしてオーストラリア人のハンターはカンガルーをころすんですか。

日本語が話せる
ショップアシスタント募集！
ぼしゅう

サーファーズパラダイスにあるオパール・おみやげ店が
日本語を話す店員を
募集しています。

★やる気がある方

★あかるくて、人と話すのが好きな方

★けいけんがない方も

★ワーキングホリデーの方も

トレーナーがおりますから、けいけんのない
方も、だいじょうぶ。サポートいたします。
みんなで楽しくはたらきましょう。

＊りれきしょに、さいきんとったしゃしんを付けて、下記まで、おおくりください。
かき
　めんせつ日を　れんらくいたします。
び

ダウンアンダーギフトショップ

PO Box 507 Surfer's Paradise QLD 4217
TEL: 075597 4797
マネージャーの島田まで。

分かりましたか。

1 What kind of job is being advertised?　2 What kind of person are they looking for?

3 Is experience necessary?　4 If you want to apply, what do you have to do?

5 What impression does the advertiser try to give?

この店は何を売って
いるのでしょうか？

22a Asking for directions

1 Polite approach

More polite	ちょっとうかがいますが…
	May I ask you something?
polite	ちょっとすみませんが…
	Excuse me a minute.
casual	すみません。
	Excuse me.

2 How do I get there?

どう行けば	+いいですか。 or
	いいでしょうか。

22b Giving directions

1 If you do this, this will happen.

sentence plain form + と	outcome

まっすぐ行くと はしが あります。
If you go straight ahead, there will be a bridge.
このかいだんをおりると駅が見えます。
If you go down these stairs, you will see the station.

2 Turn the corner to the left/right.

かどを 右／左に (or へ) まがってください。

Note:
1 The direction (left, right, north, south) is followed by particle に or へ.
2 When there is movement *through* a place, the particle is always を.

この道をまっすぐ行って、You go straight down this street,
はしをわたって、cross the bridge,
ぎんこうの前を通って、pass in front of the bank,
かいだんをあがって、go up the stairs,
つぎのかどを右にまがると if you turn right at the next corner.
学校が左がわにあります。the school is on the left-hand side.

れんしゅう

Explain to a Japanese exchange student how to get to the following places.
1 The library   2 The tuckshop   3 The sports oval   4 The science block
5 Your house

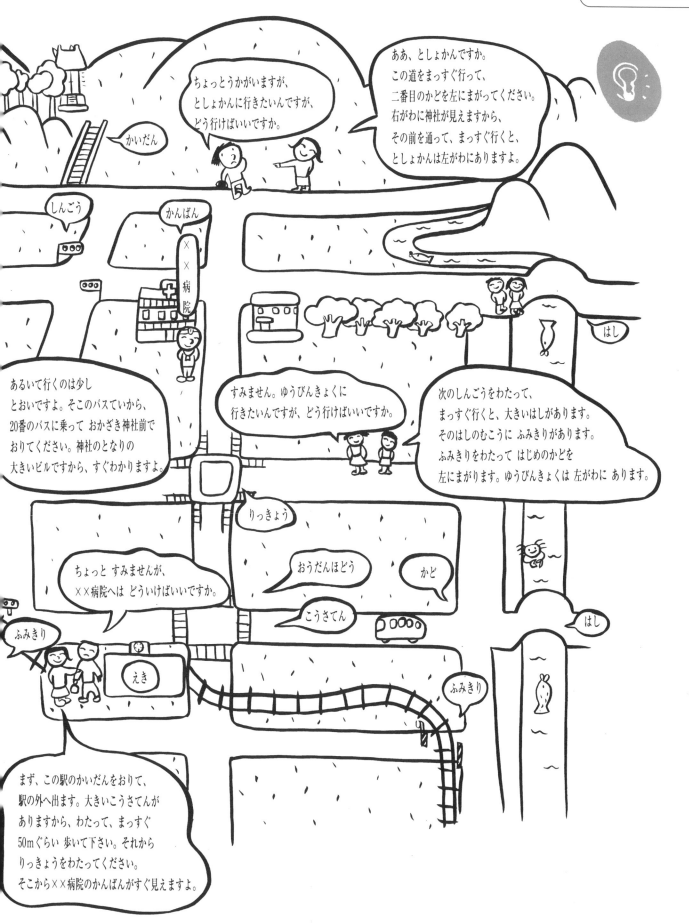

私は今高校二年生。夏休みに旅行するために、アルバイトをはじめました。月曜日から土曜日は、クラブとじゅくでいそがしいから、日曜日だけのアルバイトです。ばしょは、東山神社の前のおみやげの店です。日曜日はかんこうきゃくが一番多くて、一番いそがしいんです。朝九時から午後五時までで、時きゅうは六百八十円。交通費と昼食つきです。

はじめての日、せんぱいの秋山さんが、いろいろ教えてくれました。一番むずかしかったのは、おみやげのはこを、きれいに包むことです。

「きちんと、きれいに、早く包むようにして下さい。」
と、秋山さん。あたまではわかっているけれど、これがむずかしい！

私が包んでいるのを見て、おきゃくはイライラ。

秋山さんは、
「そんなに大きい紙を使うから、むずかしいんですよ。紙を小さくして、もういちど、やってみて。」
とアドバイスをくれました。

もういちど、チャレンジ！
（できた！こんなにきれいにできた！）
と私は自分でまんぞくしました。

でも、おきゃくはとてもいそいでいて、
「バスの出発時間におくれる！」
と、そのおみやげをつかんで、走っていきました。

秋山さん、ごめんなさい！

あとで、すごいミスに気がつきました。そのおきゃくからお金をもらうのをわすれてしまったのです。

分かりましたか

Find these expressions in the article.
1 hourly pay
2 was pleased with myself
3 irritated
4 senior
5 mistake
6 travel costs
7 the place
8 grabbed

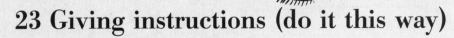

23 Giving instructions (do it this way)

adverb	+ verb (dictionary form) +	ようにしてください。

Examples:

小さく、きれいにきる　ようにしてください。
Make sure to cut it in a way that is small and attractive.

きちんと、きれいに、早く包むようにしてください。
Be sure to wrap it in a way that is quick, neat and attractive.

24 Giving information 1 (I saw/heard him doing it)

| person 1 は | person 2 が verb dict. form のを | + 見る
聞く (any tense) |
| | のが | + 聞こえる |

Examples:

（私は）ジョンさんが電話で話しているのが聞こえました。

I could hear John <u>talking</u> on the phone.

お父さんは 小犬が あそんでいるのを見ています。

Dad is watching the puppy <u>playing</u>.

私が包んでいるのを見て、おきゃくはイライラしました。

Watching <u>me wrapping up (the parcel)</u>, the customer is irritated.

Note:

1　When 'person 1' is the speaker, 私 is usually omitted.

2　The same pattern is used with other final verbs such as *forget* and *know*.

Examples:

お母さんは私がアルバイトをしているのを知りませんでした。

Mum did not know that I was doing a part-time job.

（私は）お金をもらうのをわすれてしまいました。

I completely forgot <u>to receive the money</u>.

れんしゅう

You are a witness to a crime. Using the pictures, describe what you saw and heard.

Example:

男の人が二人オートバイに乗るのを見ました。

ききましょう

Imagine that you have a part-time job in a souvenir shop. A Japanese couple are in your shop, talking about the souvenirs to each other and to one of the other sales assistants. Listen in to what they are saying.

1 What kind of souvenirs are they looking for?
2 What does the husband think of the souvenirs?
3 What is the wife's opinion?
4 What would you suggest that the shop owner should do to improve sales?

おみやげの店

Reading and writing Kanji

Kanji	Stroke order	Reading	Meaning	A way to remember

店 | 8 | みせ
*てん | *shop, store* | Under the **shop** awning the shop assistant stands behind the counter.

開 | 12 | あ(く)
あ(ける)
ひら(く)
*かい | *to open*
to open, be opened | Through the gates 門 you can see the keyhole, to **open** the door.

閉 | 11 | し(まる)
し(める)
と(じる)
*へい | *to be closed*
to close
to shut | Through the gates 門 you can see that the door is boarded up. It is definitely **closed**.

員 | 10 | *いん | *official, personnel, worker* | In ancient times worker opens his mouth 口 to say his name and is paid in shells 貝.

品 | 9 | しな
じな
*ひん | *goods, quality*
elegance, article | Three boxes of **goods** piled up in the warehouse.

服 | 8 | *ふく | *clothes, dress* | Under the moon 月 a long haired figure wears a strange **clothes**.

包 | 4 | つつ(む)
つつ(み)
*ほう | *to wrap*
a bundle, package | Two pieces of paper **wrapped** around a box.

宝 | 8 | たから
*ほう | *treasure, jewels* | Some image A **jewelled** pendant under a roof

Compounds

Can you guess the meanings?

店員	てんいん	品物	しなもの	電気店	でんきてん
開会	かいかい	宝石店	ほうせきてん	洋服	ようふく
包み紙	つつみがみ	駅員	えきいん	閉店	へいてん

Shop window signs in a tourist resort
How many can you understand?

店内には食べ物、飲み物を
持ちこまないように
おねがいします。

開店　午前 8 時
閉店　午後 9 時

年中　休みなし
（お正月は 3 日間休み）

新製品がたくさん入りました。
どうぞ、ご自由にごらんください。

いらっしゃいませ。
日本からのおきゃく様、
どうぞ、お入りください。
ケン・ドーン デザインの洋服など、
めずらしい おみやげがいろいろ
ございます。

宝石店 "ロックショップ"　ジュエリーのスペシャリスト！

店内にはワークショップがございますので、みなさま、どうぞ、ごゆっくり、
ごらんください。宝石カッティングの一りゅうアーチストがおります。
宝石はもちろん、スイスせいの時計、イタリアせいバッグ、イギリスせいネク
タイ、いろいろございます。

●パスポート、エアチケットをお持ちください。

"ロックショップ" ピット・ストリート店

77 ピット ストリート

シドニー

☎ (02) 247-7767

営業時間　月～日　9 a.m. - 10:30 p.m.
年中休みなし

★新しく、ダーウィン店が、開店いたしました。店員を募集中です。
　あかるくて宝石のセンスがある方、ご応募ください。

Vocabulary

あ	イライラする	*to be irritated*
	うかがう ⓤ	*to ask (polite)*
	うまい	*skilful, clever*
	おまたせしました	*sorry to keep you waiting*
か	かいだん	*stairs*
	かいてん（開店）する	*to open a shop*
	かき（下記）	*below mentioned*
	かしこまりました	*certainly sir/madam*
	かど	*corner*
	かんばん	*sign, notice*
	こうさてん	*crossing*
	こうつうひ（交通費）	*travel cost*
さ	じ（時）きゅう	*hourly payment*
	しょうしょう（少々）	*a little*
	しんごう	*traffic lights*
	すぐ	*straight away, immediately*
	せんぱい	*senior, superior*
	そんなに	*in such a way*
た	つかむ ⓤ	*to grab*
	つつみがみ（包み紙）	*wrapping paper*
	つつ（包）む ⓤ	*to wrap*
	となり	*next-door, adjacent*
な	なし	＝ない
	ぬいぐるみ	*stitched soft toy*
は	ばしょ	*place*
	バスてい	*bus stop*
	ひだりがわ（左側）	*left-hand side*
	びょういん（病院）	*hospital*
	ふみきり	*railway crossing*
	へいてん（閉店）する	*to close shop*
	ペラペラ	*fluent*
	ほうせきてん（宝石店）	*jewellery shop*
ま	まがる ⓤ	*to turn*
	まっすぐ	*straight ahead*
	まんぞく（満足）（する）	*satisfaction, to be satisfied*
	みぎがわ（右側）	*right-hand side*
	ミス（する）	*mistake, to make a mistake*
	もうしわけありません	*there is no excuse, I am very sorry*
	もちこむ（持ち込む） ⓤ	*to carry in, bring in*
や	やる気がある	*spirited*
	ようふく（洋服）	*Western style, i.e. modern clothing*
ら	りっきょう	*land bridge*
	りれきしょ	*resume, curriculum vitae*
わ	わたる ⓤ	*to cross*

レストランでアルバイト

Part-time work in a restaurant

敬語（けいご）　2

Apart from the verbs that have special honorific and humble forms, most other verbs can be made honorific or humble in the following way.

	Honorific	
お ご	+ verb ます + する verb	+に　なります

	Humble/modest	
お ご	+ verb ます + する verb	+ します or いたします

およびになりましたか。
(from よびます–call)
You called, Sir/Madam?

ごせつめいになりました。
(from せつめいする–to explain)
Sir/Madam explained it

おまたせ　しました／いたしました
(from またせます –keep someone waiting)
Sorry to keep you waiting.

ごあんない　します／いたします
(from あんないする–to guide)
I will guide you, Sir/Madam.

Most する verbs have the prefix ご instead of お.
Common exceptions are verb forms of the following.

べんきょう　→　おべんきょう		そうじ　　→　おそうじ
でんわ　　　→　おでんわ		りょうり　→　おりょうり

れんしゅう

The following dialogue takes place in a restaurant. Change the underlined verbs to suitable keigo forms.

ウエートレス：きまりましたか。
きゃく：　　　はい、すきやき、二人前ね。（ににんまえ）
ウエートレス：すきやきですね。いそぎますか。
きゃく：　　　ええ、ちょっと...
ウエートレス：それでは、すぐよういします。
きゃく：　　　それからビールを二本、おねがいします。
ウエートレス：サッポロとキリンがありますがどちらにしますか。
きゃく：　　　そうですねぇ。キリンにします。
ウエートレス：はい、キリンですね。ちょっとまってください。

イディオム

かんぱい is the equivalent of 'cheers' and is used to make a toast.
Sake is a general term for alcoholic drinks, but is also the word for Japanese rice wine. There are many varieties of sake. Sake producers, like grape wine producers, promote their own sake as the finest. Sake is usually served warm, but some varieties are served chilled, especially in summer. The sake is served in a small ceramic bottle and drunk from a tiny ceramic cup. It is not polite to fill one's own cup; instead everyone pours for everyone else. It is polite to hold the cup up to be filled. Before anyone drinks everyone says かんぱい!

ピーターパン

☆☆　駅前　ファミリーレストラン　☆☆

スープ・サラダ	
コーンポタージュスープ....	200
オニオングラタンスープ....	380
ポテトとツナのサラダ......	350
シーフードサラダ.........	480

サンドイッチ・ピザ	
ハンバーグホットサンド.........	580
ポークフィレカツホットサンド....	600
ピーターパンピザ.............	550
ピザとコーラのセット...........	700

＊お持ち帰りピザ... ホームパーティーに
シェフ手づくりのピザをどうぞ！

アラカルト	
ハンバーグイタリアン.........	780
ハンバーグアメリカン.........	880
チキンマカロニグラタン........	680
えびフライ.................	780
スパゲッティミートソース......	560
スパデッティナポリタン........	600
ビーフカレー...............	620
ポークカツカレー............	780
牛肉のあつ切り焼肉..........	980
ポークジンジャー............	880
ミックスグリル.............	1,000

デザート	
アイスクリーム..............	500
チョコレートパフェ...........	600
フレッシュフルーツ...........	550

ワイン	
グラスワイン（赤）............	450
（白）............	450
（ロゼ）...........	450

ビール	
バッドワイザー(小)............	480
キリンビール　（中）...........	430

ホットドリンク	
ブレンドコーヒー.............	400
アメリカンコーヒー...........	400
ウインナーコーヒー...........	450
カフェ・オ・レ..............	450
ココア.....................	420
ミルク.....................	400
こうちゃ(レモン・ミルク).......	400

コールドドリンク	
レモンスカッシュ	
ミルクシェーク	
クリームソーダ	550
コーラ	

分かりましたか

Choose a suitable range of dishes for the following people.

1　A vegan friend
2　A muslim friend
3　Yourself

シリーズ　私のアルバイト 2

私は西南大学の一年生。

入りたかった大学に入学できて、本当にうれしいです。大学生活は高校とちがって、とてもじゆうで、毎日が楽しくてたまりません。ボーイフレンドもできました。でも、新しい洋服を買ったり、友だちとでかけたり、おこづかいだけでは足りません。それで、喫茶店でアルバイトをすることにしました。

店の名前は「カプチーノ」。アルバイトは月木金の夕方からと、日曜日の朝10時からです。とてもひまな店で、ぜんぜんおきゃくが来ない時もあります。

ある日、とてもひまで、マスターはたばこをすいながら、新聞を読んでいました。私もかばんから本を出して読んでいました。何もしないで、お金がもらえるなんて、とってもラッキー！と思いながら・・・。

しばらくして、マスターは、本を読んでいる私を見て、言いました。

「ひまな時は、テーブルやいすをふいたり、店の外をきれいにしたり、中をそうじしたり、いろいろやらなきゃ だめだよ！」

私は とび上がって、はたらきはじめました。

何から何まで、きちんとしなければ なりません。

「コーヒーのスプーンはまっすぐおくようにしなさい。」

「コーヒーは、そんなにたくさんいれてはダメ！」

「かみのけは、きちんと後ろでくくるように！」

ふうー。高校のこうそくより、きびしい。

あーぁ、もう、やめようかなぁ。

分かりましたか

Read the short article written by a university student about her first job.

1 Complete the following statements by choosing one of the endings. Write a, b, or c in the box. Base your decision on the information in the passage.

The writer is very happy because ☐
a) She is a first-year student at the South West University.
b) She has left school.
c) She is attending the university of her choice.

The writer is enjoying life very much because ☐
a) She has a boyfriend at last.
b) Unlike school, she does not have to study hard.
c) She has more freedom.

She got a job in a coffee shop because ☐
a) She spent all her money on new clothes and going out.
b) She wanted more money to spend on clothes and going out.
c) She had insufficient pocket money for daily life.

She thought she was very lucky because ☐
a) She worked three nights a week and from 10 a.m. on Sundays.
b) She got paid even when there was nothing to do.
c) The coffee shop had few customers.

2 What happened to change her opinion of this job?

3 In pairs, prepare an interview between the master of the coffee shop and the next applicant for the job.

店の前の
ウインドーで
メニューの見本
とねだんを
見ることが
できます。

25 Doing something while doing something else

| verb 1 ます | ＋ながら | verb 2 |

The two actions are performed at the same time by the same person/people.

Examples:

夕食を食べながら テレビを見ますか。Do you watch TV while eating dinner?

とてもラッキー！ と思いながら 本をよみました。While thinking 'I'm very lucky' I read a book.

おみやげを包みながらきゃくに話しました。I talked to the customer while wrapping the gift.

アルバイトをしながら大学に行っています。I have a part-time job while attending the university.

れんしゅう

Make a sentence about each of the following pictures using 〜ながら.

ききましょう

Listen to the conversation between an Australian student and his Japanese friend.

1　What kind of part-time job is Bob doing?

2　Why does he find it tiring?

3　What two things does he find difficult about the job?

4　What does his Japanese friend suggest are positive aspects of the job?

5　Describe the Japanese friend's experience in Japan.

6　What kind of person do you think the Japanese friend is?

Reading and writing Kanji

Kanji	Stroke order	Reading	Meaning	A way to remember
	6	にく	*meat*	A nice piece of rump steak with marbling in the **meat**.
	11	さかな ざかな *ぎょ	*fish*	A **fish** with large scales and a feathery tail.
	10	*りょう	*charge, fee materials ingredient*	Rice 米 on the left and a scoop for measuring. **Charges** used to be paid for in rice. Rice is also used in most dishes.
	11	*り	*reason, logic*	A paddy field 田 on top of the earth 土, with a pendant minus the jewel. There must be a **reason**.
	4	うし *ぎゅう	*cow, bull*	A picture of a **cow** run over by a steam roller!
	10	さけ *しゅ	*rice wine, liquor*	Drops of fluid from a **wine** bottle with the cork half out.
焼	 12	や（く） や（ける） *しょう	*to burn, grill, bake to be burned, baked*	Fire 火 + skewered meat on the BBQ ready to **grill**.
鳥	 11	とり *ちょう	*bird*	A picture of a **bird** with a long tail.

Compounds Can you guess the meanings?

料理	りょうり	金魚	きんぎょ	焼鳥	やきとり
牛肉	ぎゅうにく	夕焼け	ゆうやけ	酒屋	さかや
肉屋	にくや	小鳥	ことり	食料品店	しょくりょうひんてん

レストラン 山月 やまづき

しゃぶしゃぶ（上）　　または　すきやき（上）　　　　　　　　　　一人前　　4,500円
　　　　　牛肉　上ロース 125ｇ・やさい・うどん・シャーベット

しゃぶしゃぶ（特上）　　または　すきやき（特上）　　　　　　　一人前　　5,500円
　　　　　牛肉　特上ロース 125ｇ・やさい・うどん・味噌汁・シャーベット
　　　　日本酒１本サービス付き

和風ステーキ定食　　　　　　　　　　　　　　　　　　　　　　　　2,500円
　　　　　フィレまたはサーロイン 150ｇ・サラダ・ご飯・味噌汁

フィレまたはサーロイン・ステーキ・ディナー　　　　　　　　　　3,800円
　　　　フィレまたはサーロイン 200ｇ・サラダまたはやさいもりあわせ・デザート

天ぷらもりあわせ　　　　　　　　　　　　　　　　　　　　　　　　1,500円

焼き鳥　　　　　　　　　　　　　　　　　　　　　　　　　　　　　1,500円

山月 べんとう

北山べんとう.....焼き魚・かまぼこ・たまご焼き・つけもの・おにぎり　1,800円
東山べんとう.....天ぷら・てりやきチキン・えびフライ・サラダ・ご飯　2,500円
お子様べんとう....サンドイッチ・ピザ・ハンバーグ(小)　　　　　　1,000円

お飲み物

日本酒（上）	500円	ジュース	350円
日本酒（特上）	600円	ジンジャーエール	380円
ビール（大、中）	500、400円	アイスティー	400円
グラスワイン（赤、白）	550円	アイスコーヒー	400円

分かりましたか

Explain the menu to your friend who does not read Japanese.

レストランじょうほう　あんな店こんな店

今週は、美島公園の近くの めずらしい店、新しい店のじょうほうをあつめました。

新しいファミリーレストラン、誕生！

グルメの国

「私はスパゲッティが食べたい。」

「ぼくはステーキ！」

「私は、おすしがいい。」と、みんなの いけんがわかれた。どこへ行こう？ そんな時、グルメの国へどうぞ！イタリア料理、アメリカン・ステーキ、和食、何でもあります。¥1000〜¥3000と、ねだんも てごろ。

営業時間　10：00AM-11：00PM　年中無休

地下鉄美島駅から東へあるいて５分

そば匠

この店のてんぷらそばは、昭和43年の開店から、そのおいしさで有名。昼食の"そば定食"は、てんぷらそばと、すしと、焼鳥のセットで850円。学生にもビジネスマンにも すごい人気。店の外に、ならんで待つ人も少なくない。えんかいも 10名様までOK。（お一人2500円より）

営業時間　11:00 a.m.–10:00 p.m.

木曜定休

美島公園前のこうさてんから　西へ２分。

美島みさきの喫茶店

ドルフィン

ここでは、世界のいろいろな めずらしいこうちゃを飲むことができる。開店は12年前。今では、バラエティーもふえてインドや中国のおちゃもある。まどから美しい 海がんせん、あちこちに ヨットも見える。こんなけしきを見ながら、世界のこうちゃを楽しむことができる。

営業時間　9：00AM- 9：00PM

水曜定休

朝日区みさき町2-5

すし春

本物の日本料理を...という方に、おすすめするのが、この店。一流の料理とサービスが楽しめる。料理はどれも、しんせんな ざい料を 使っているので、おいしさはかくべつ。すしのほかに、しゃぶしゃぶ、鉄ぱん焼きなどのメニューもある。よやくは早めに。

営業時間　6：00p.m.-12：00a.m.

日曜定休

朝日デパート前

Vocabulary

あ	あつぎり（切）	*thickly sliced*
	あつめる	*to gather, collect*
	いちりゅう（一流）	*first class*
	えいぎょう	*business*
	（お）こづかい	*spending money, pocket money*
	おもちかえり（お持ち帰り）	*take-away food*
か	かくべつ（に）	*particularly, especially*
	きっさてん（喫茶店）	*coffee shop*
	きまる う	*to be decided, settled, fixed*
	くくる う	*to tie up, bind, do up*
さ	さきほど	*a little while ago*
	じょう（上）	*superior, special*
	じょうほう	*information, report*
た	たりる（足りる） る	*to be sufficient*
	（ご）ちゅうもん（する）	*order, to order*
	つけもの	*pickled (salted) vegetables*
	〜ていきゅう（定休）	*regular closing (day)*
	で（出）かける る	*to go out*
	てごろ（手ごろ）	*moderate, reasonable*
	てっぱんやき（鉄ぱん焼）	*barbecued meat and vegetables (at the table)*
	とくじょう（特上）	*extra special*
	とびあがる う	*to jump up*
な	にゅうがく（入学）（する）	*admission to school or university, to enter school*
	〜にんまえ（人前）	*dishes per person*
	ねだん	*price*
	ねんじゅう（年中）	*all year*
は	ペコペコ	*to be famished, (stomach is grumbling)*
	フィレ	*fillet*
	ふく う	*to wipe, mop*
	ほんもの（本物）	*authentic, real, genuine*
ま	みそしる	*bean soup*
	みほん（見本）	*sample*
	むきゅう（無休）	*no holiday*
	〜もりあわせ	*assorted 〜*
や	やきざかな（焼魚）	*grilled fish*
	やきとり（焼鳥）	*grilled chicken kebabs*
わ	わかれる る	*to be divided*
	わふう	*Japanese style*

分かりましたか

Put the eating establishments described on page 79 in order of preference.
Give your reasons.

PART 3

学校での最後の年
The last year at school

In these three units you will learn to:

- discuss the pros and cons of getting a driving licence
- talk about safety obligations both here and in Japan
- describe the school formal and end of year parties
- describe Seijinnohi in Japan
- discuss your options for the future
- discuss post-school options in Japan

クルマ
Wheels!

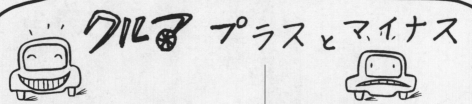

クルマ プラスとマイナス

自立できる！一人で、いろんな所へ行ける！ じりつ ところ	車のかちが毎年下がる。もったいない！ さ
自由がたのしめる！いつでも、どこへでも行ける！ じゆう	ほけんにお金がかかる。こまる！
天気はもんだいじゃない！雨の日も、かぜの日も！	ガソリンだいも高い。毎日アルバイトしなきゃ！
べんりだ！何でも持っていける！	かんきょうにわるい。車のはい気ガスはよくない！
時間がせつやくできる！バスや電車を待たなくてもいい！	パーキングがむずかしい。町の中はとくにむずかしい
プライベートだ！彼／彼女と二人であちこち行ける！ かれ かのじょ	歩かないからふとってしまう。ダイエットする！ ある

分かりましたか

According to the above magazine summary,
what are the pros and cons of car ownership?
Tick the statements you agree with.
Add other points to either column.

世界のティーンエージャーにインタビュー
どうして運転免許（うんてんめんきょ）がほしいの？？

日本

何才ですか。

十六才。

十七才。

運転免許をとりたいですか。

もちろん。

どうして？

かっこいいから。今はまだとれないけど…、大学に入ってから、とるつもりです。

ぼくは十八才のたんじょうびの次の日に教習所（きょうしゅうじょ）に行くよていです。大学に行っている間に、アルバイトをして、車を買いたい。大学には、ぜったい車でかよいたい。

バスや電車は？

あるけど、かっこわるいよ。車の方が早くて、べんりで、かっこいい。そう、そう。ガールフレンドをつくるためにも、車はぜったいひつようだよ。デートも、彼女と遠く（とお）までドライブできる。かわいいガールフレンドが見つかると、いいですね。

オーストラリア

何才ですか。

十六才です。

車の免許（めんきょ）をとるよていですか。

はい。できるだけ早くとりたいです。

どうしてですか。

ダンスパーティーや友だちのパーティーに行く時、すごくふべんなんです。父や母に何時まで、どこに行くか言わなければならない。おくってもらったり、電話をかけてむかえにきてもらったり……とにかく、自由（じゆう）がないんです。

なるほど。

両親（りょうしん）にめいわくをかけないで、自分の生活を楽しみたいですね。両親に、かんしょうされるのはいやなんです。自分で責任（せきにん）を持つから、自由に何でもしたいと思います。

自由と責任。これはとても大切なことですね。

アメリカ

何才ですか。

十七才です。

車の免許、持っていますか。

ええ、もちろんです。私は十三、四才のころから、父のぼく場で運転していましたから。

免許がないと、ここでは何もできません。ハイスクールへ行くスクールバスはありますが……。たとえば、夜、からだをならいに行く時。前は母がおくってくれましたが、母がいそがしい時は行けなくてこまりました。今は、自分でいつでも、どこでも行けるのでとてもべんりです。車を運転することは、自立するために、ひつようだと思います。それに、弟のサッカーのトレーニングや、妹のギターのレッスンも、私が車でおくりむかえしています。

分かりましたか

Make a list of all the reasons that have been given for wanting a driving licence.

Make a list of your own reasons for wanting a licence.

Find these expressions

1 I can go whenever and wherever by myself.
2 I can take and pick up . . .
3 . . . driving licence
4 previously, Mum used to pick me up
5 . . . it was a nuisance not being able to go.
6 If you don't have a licence . . .

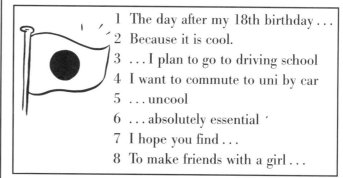

1 The day after my 18th birthday . . .
2 Because it is cool.
3 . . . I plan to go to driving school
4 I want to commute to uni by car
5 . . . uncool
6 . . . absolutely essential
7 I hope you find . . .
8 To make friends with a girl . . .

1 If possible . . .
2 . . . extremely inconvenient
3 I have to say where I am going and . . .
4 . . . get them to pick me up
5 Without troubling my parents . . .
6 I would hate to have my parents interfere.

イディオム

1 In Japanese, pronouns are avoided where possible and people's names are used instead. It is usual for someone talking *to* you, to ask you something using your name instead of 'you'. For example, あした、ジョンさんは学校に行きますか。 does not mean 'Is John going to school tomorrow?' but 'Are you going to school tomorrow, John?'

Similarly, かれ (he) and かのじょ (she) are also avoided, especially if the person is present, and names are used instead. Even in English it can sound rude to refer to someone who is present by 'he' or 'she'.

かれ and かのじょ have developed additional meanings to 'he' and 'she'.
かれ −boyfriend
かのじょ −girlfriend
In some circumstances, confusion could occur if these pronouns are used.

2 Vague numbers such as 2 or 3 and 5 or 6 hundred are expressed in Japanese by the use of a comma between the numbers. (Kanji or Roman numbers can be used.)
Examples: 十三、四才 13 or 14 years old   四、五千円 4 or 5 thousand yen
5、6時間 5 or 6 hours   2、3人 2 or 3 people

26 Expressing plans

verb dict. form	＋よていです

Examples:
きょうしゅうじょに行くよていです。I plan to go to a driving school.
今日は、何をするよていですか。What is planned for today?
この町に一週間とまるよていです。I have arranged to stay in this town for one wee◗
金曜日の夜にパーティーをするよていです。I have planned a party for Friday nig◗

れんしゅう

Your friend is asking you to go to the movies next week. You have to refuse every
suggested time because of the following schedule. Explain your schedule using
よてい なんです.

✗ Mon. 10.30 tennis practice	Fri. Driving school 9 a.m.
✗ Tues. Swimming (afternoon)	Sat. New part-time job (morning)
Wed 2 p.m. Dentist	Sun. Football match (しあい)
Thurs. Swimming (morning)	Mon. Piano lesson

27 Expressing during the time when (while)

noun の	
verb ている	＋あいだ(に)
place にいる	

Examples:
(私は) 夏休みのあいだに、　日本へ行ってべんきょうするつもりで◗
During the summer holidays, I intend to go to Japan and study.
(私は) 日本にいるあいだ、アルバイトをするよていです。
While I am in Japan, I plan to do some part-time work.
田中さんがねているあいだに、　そのどろぼうは家に入りました。
While Mr Tanaka was sleeping that robber entered the house.

Note:
1 Two actions are taking place, but not necessarily by the same person.
2 The final verb decides the tense of the sentence.

The choice of あいだ or あいだに depends on the meaning.
あいだに means that at some point in time while something was happening, somethin◗
else happened.
あいだ means that the two actions take place at the same time for the whole period.

When the subject of the part of the sentence that ends with あいだ(に) is different to the subject of the last part of the sentence, the subject of the あいだ sentence must be followed by が.

Example: 兄がはたらいているあいだ、 私は買い物に行きました。

While my brother was working I went shopping.

or 私は、兄がはたらいているあいだ、買い物に行きました。

れんしゅう

Join the following sentences using あいだに or あいだ. (Don't forget to change は to が where necessary.)

お母さんは電話していました。私はさらを洗いました、
アメリカにいました。運転免許をとりました。
お客さんにおみやげを売っていました。かのじょは店に入って来ました。
兄はうんてんしていました。あねはシーディーを聞いていました。
私はねていました。私のねこも、そばでねていました。

28 Expressing discomfort, distress, confusion

verb て form	
adj. て form	+ こまる
noun で	all tenses

Examples:

今日、BBQをしている時に雨がふってきて、こまりました。

Today when we had a BBQ, it began to rain, which was a nuisance.

あたまが いたくて こまる。

I've got a headache which is bothering me.

となりの人のトランペットの音でこまっています。

I am bothered by the noise of the trumpet of the person next door.

Note: The Kanji for こまる (to be troubled) is 困る. The Kanji gives a clue to its meaning. A tree 木 confined by a box will certainly be troubled.

困る can also be used as the subject of a sentence as in:

困ったことは、お金がないことでした。The troublesome thing was I had no money.

れんしゅう

Express your discomfort or confusion in the following circumstances.

のどがいたい。カメラをなくす。駅に人が多い。道が分からない。
めんきょとりけしになる。車のエンジンのちょうしがわるいんです。

29 Expressing annoyance, anger

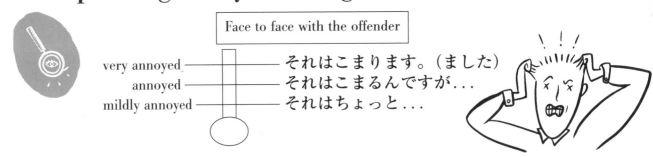

	Face to face with the offender
very annoyed	それはこまります。（ました）
annoyed	それはこまるんですが...
mildly annoyed	それはちょっと...

As in English, people do not usually express their annoyance as strongly to the person who has upset them as they do to themselves or when telling a close friend about it. This allows the offender to apologise instead of becoming angry also.

To yourself or to a friend

The expressions used to express anger to oneself, or when telling a friend about it, will vary according to the circumstances and the personality of the speaker.
Study the expressions used in the following circumstances.

いやで たまらない（なかった）！

Find the expressions

1 I am furious.
2 It's absolutely disgusting.
3 Oh what a nuisance!
4 I'm really irritated.
5 Yuk!

こまる（こまった）な！

車が スタートしない！

れんしゅう

What would you say in the following circumstances?
  a) To the offender. b) To yourself or a friend.
1 Someone has lost a valuable book that you lent them.
2 Someone forgot to phone you as promised.
3 Someone forgot to pick you up. You waited for hours.
4 Someone forgot to post an important letter for you. You probably lost that interview.
5 Someone carelessly dropped chocolate ice-cream down the new white jeans you are wearing at the party.
6 The neighbour's TV is always far too loud.
7 You are forced to stay home and babysit.

ききましょう

Listen to Yumi talking to her friend Keigo.
1 What has happened to Saito?
2 Where is he now?
3 What do you think is the relationship between Yumi, Keigo and Saito?
4 Explain your opinion.

Reading and writing Kanji

Kanji	Stroke order	Reading	Meaning	A way to remember
遠	 13	とお（い） *えん	*far, distant*	A caterpillar is crossing the inside of a garden, it seems very **far** to the caterpillar.
急	9	いそ（ぐ） *きゅう	*to hurry*	7 tubs of cold yoghurt, ヨ, held against your heart 心. You had better **hurry** or it will get warm.
心	4	こころ ごころ *しん *じん	*heart, spirit*	A picture of a **heart**.
止	4	と（まる） と（める） *し	*to stop* *to bring to a stop*	A picture of a footprint of the left foot. It has come to a **stop**.
走	7	はし（る） *そう	*to run*	Earth, 土, on top of a footprint which has moved out of shape because someone is **running**.
歩	8	ある（く） *ほ *ぽ	*to walk, step*	A few, 少ない, footprints 止 show that someone is **walking**.
場	12	ば *じょう	*place*	A pile of earth 土 + the sun 日 over a hairy tail. What a strange **place.**
所	8	ところ どころ *しょ *じょ	*place*	A door 戸, with an axe 斤 outside. Who lives in this **place**?

Compounds Can you guess the meanings?

遠足	えんそく	心配	しんぱい	場所	ばしょ
急行	きゅうこう	散歩	さんぽ	近所	きんじょ
禁止	きんし	工場	こうじょう	台所	だいどころ

Extra Kanji

Kanji	Stroke order	Reading	Meaning	A way to remember

運 12 はこ（ぶ） *to transport, carry* / ＊うん *luck* A car 車 **carrying** a load on a trailer is about to run over a caterpillar.

転 11 ころ（ぶ） *to roll, fall down* / ＊てん *to turn around, change* This car 車 is steered from the two 二 front wheels. As it **turns around** you can see the skid marks looking like Katakana ム.

免 8 まぬか（れる） *to escape, avoid* / めん（じる） *to dismiss* / ＊めん Something is bound up, the top part of 包, under the sun on it's side 日, it moves its legs to **escape**.

許 11 ゆる（し） *permission* / ゆる（す） *to permit, approve* / ＊きょ To say 言 + noon 午. To get **permission** you must ask when the sundial shows noon.

教 11 おし（える） *to teach* / ＊きょう Earth, 土, linked to a child 子 by a cord and a CD ROM, by which to **teach**.

習 11 なら（う） *to learn* / ＊しゅう 羽 feathers over white 白. Instead of stars, the teacher gives a white feather as a merit mark when the student **learns** something.

事 8 こと / ごと *thing, action, fact* / ＊じ One mouth 一口, and a broom linked together with a pole. A very strange thing, that's a **fact**.

故 9 ＊こ *old, former times reason* An **old** tombstone, 古 and a CD ROM. There has to be **reason** for this!

Compounds

Can you guess the meanings?

運転	うんてん	免許	めんきょ	事故	じこ
教習所	きょうしゅうじょ	飲酒運転	いんしゅうんてん	事件	じけん

飲酒運転は ぜったいに いけない！
いんしゅうんてん

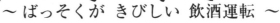
～ ばっそくが きびしい 飲酒運転 ～

交通いはんの中で、飲酒運転は、ばっそくが、とくにきびしい。スピードいはんなども気を付けなければならないが、飲酒運転はぜったいにいけない。

◉北海道・TSのケース
私はフリーランスのジャーナリストだが、その日は、しごとがちっともできなくてイライラしていた。夜になって町にでかけたが、つまらないからバーに入ってワインをグラス３ばい飲んでしまった。だいじょうぶだと思っていたが、運転している間にだんだんねむくなった。「あっ」と思って、急ブレーキをかけたが、もうおそすぎて、前の車にぶつかっていた。じこをおこしたのは、これがはじめて。本当にもうしわけない。

◉高知県・AYのケース
私は20才、大学２年生で、ちょうどめんきょをとったところ。20才になって、うれしくてたまらなかった。酒も飲める！私は友人と父の車でドライブに行って、とちゅう、レストランで、昼ご飯を食べたが、その時、ビールを２、３ばい飲んでしまった。"だいじょうぶだよ"と言ったが、少しよっていた。そして音楽を聞きながら、時そく60キロで運転していたが、道の左に止まっていたワゴン車に気がつかないで、ぶつかってしまった。もうしわけない。

● TS と AY のばっそく
ばっ金６万円(TS)　　ばっ金５万円(AY)
ひと晩、拘置（こうち）される。
免許とりけし
１年間、運転免許をとることができない。

♥TSとAYのかぞくは、みんな心をいためている。TSとAYは、一年間、車が運転できないから、本当にこまっている。とにかく、飲酒運転はぜったいにいけないということを、私たちもわすれてはいけない。

分かりましたか

1 TS was supposed to meet his/her close friend but was very late. Prepare a dialogue in which TS explains what happened.

2 Prepare the conversation which took place between AY and his/her father, when AY got home.

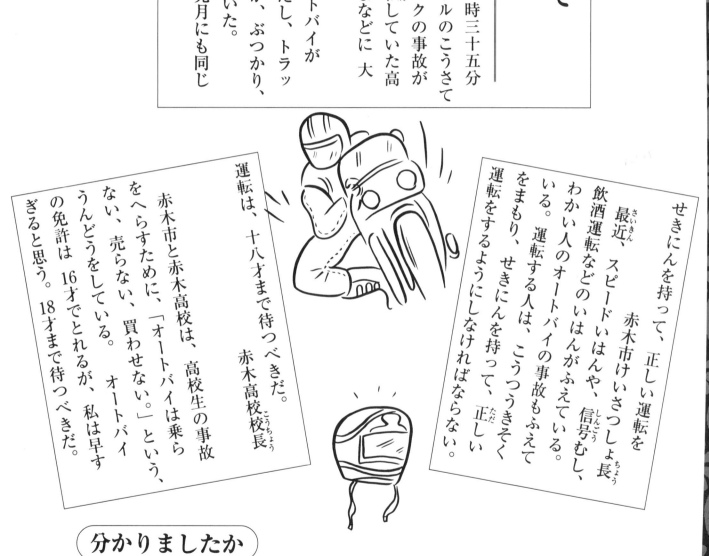

赤木こうさてんで また事故

七月二十三日、午後十一時三十五分ごろ、赤木駅の北20メートルのこうさてんで、オートバイとトラックの事故があった。オートバイを運転していた高校生（十六才 男）は あたまなどに 大けがをした。

目げきした人は、「オートバイが赤信号をむしして、とびだし、トラックは急ブレーキをかけたが、ぶつかり、事故になった。」と話していた。

このこうさてんでは、先月にも同じような事故があった。

赤木市と赤木高校は、高校生の事故をへらすために、「オートバイは乗らない、売らない、買わせない。」という、うんどうをしている。オートバイの免許は 16才でとれるが、私は早すぎると思う。18才まで待つべきだ。

運転は、十八才まで待つべきだ。

赤木高校校長

せきにんを持って、正しい運転を

最近、赤木市けいさつしょ長わかい人のオートバイのいはんがふえている。飲酒運転などのいはんや、スピードいはん、信号むしし、運転する人は、こうつうきそくをまもり、せきにんを持って、正しい運転をするようにしなければならない。赤木市の事故もふえている。

できるだけ早く　運転免許をとる

　　日本語のクラスのみなさん、お元気ですか。ぼくも元気で、日本の高校生活を楽しんでいます。

　　先週、友達の　ささきくんが、18才になりました。それで、できるだけ早く　運転免許をとるよていだそうです。

　　まず、自動車学校へ運転をならいに　行くそうです。それが、やく30万円！　オーストラリアドルで、4000ドル！　とても高いですね。ささきくんは、お父さんにはらってもらうそうです。

　　自動車学校では、こうつうきそくなどのべんきょうをします。それから　学校の中にあるれんしゅうコースで、学校の自動車を使って、れんしゅうをはじめます。れんしゅうコースには、小さいこうさてんや、ふみきりがあって、町のミニチュアのようです。

　　15、6時間、れんしゅうした後で、れんしゅうコースでのドライビング・テストと、ペーパーテストと、てきせいテストをうけます。それにパスすると、かりめんをもらいます。かりめんは　オーストラリアのLearner's Permitと同じです。そして、やっと　先生といっしょに、町に出て、れんしゅうするのです。

　　12、3時間のれんしゅうの後で、またドライビングのテストをうけます。それにパスすると、それぞれの府や、県のペーパーテストをうけます。これにパスすると、やっと　運転免許がもらえるのです。すごくたいへんですね。みんな、2、3ヵ月、かかるそうです。

　　オーストラリアで、免許をとるのは、日本にくらべて、やすくて、かんたんですね。ぼくはオーストラリアに帰ってから、免許をとるつもりです。

　　　　　　　　　では、お元気で。さようなら。

7月10日

　　　　　　　ジェームズ・チェン

分かりましたか

1　Prepare a dialogue between a Japanese exchange student and an Australian student discussing the method of obtaining a driver's licence in their respective countries.
2　Write a letter to your penfriend explaining what you have to do to obtain a licence.

Vocabulary

あ	いためる ⓡ	*to hurt, injure, ache*
	いはん	*violation*
	いんしゅ（飲酒）	*alcohol consumption*
	うける ⓡ	*to receive, take, have*
	うんてん（運転）（する）	*operation, to drive, operate*
	おくりむかえする	*to take and pick up (a person)*
	おこす ⓤ	*to cause, create*
	おこなう ⓤ	*to put into practice*
か	かち	*value*
	かっこいい（わるい）	*cool, hip, (uncool)*
	かのじょ（彼女）	*she, girlfriend*
	かりめん	*temporary, provisional licence*
	かれ（彼）	*he, boyfriend*
	かよう ⓤ	*to commute*
	か（買）わせる ⓡ	*to allow to buy*
	かんしょう（される）	*interference, to have someone interfere*
	きゅう（急）ブレーキをかける ⓡ	*to apply brakes suddenly*
	きょうしゅうじょ（教習所）	*training centre, driving school*
	けいさつ	*police*
	けが（する）	*injury, to be injured*
	こうち（される）ⓡ	*detention, to be detained*
	こうつう（交通）	*traffic*
	こころ（心）をいためる ⓡ	*to be grieved, troubled, worried*
さ	じこ	*accident*
	じそく（時速）	*speed per hour*
	しょちょう（署長）	*head of a government department*
	じりつ（自立）（する）	*independence, self-reliance, to be independent*
	しんごうむし	*disregard of traffic lights*
た	ちっとも……ない	*not at all …*
	とにかく	*anyway*
	とりけし（取り消し）	*cancellation*
は	ばかり	*only*
	ばっきん（ばっ金）	*a fine*
	ばっそく	*penalties, penal regulations*
	ぶつかる ⓤ	*to run into, collide with, strike*
	ふとっている ⓡ	*to be fat*
	ふべん	*inconvenient*
	ほけん	*insurance*
ま	まもる	*to obey, protect, defend*
	むし（する）	*disregard, to ignore*
	めいわくをかける ⓡ	*to put someone to trouble, disturb*
	めんきょ（免許）	*licence*
	もくげき（する）	*witness, to witness*
や	よう ⓤ	*to be drunk, intoxicated*

UNIT 2

成人のお祝い
せいじん　いわ
Youthful celebrations

分かりましたか

Can you match these expressions?

1 Is it someone's wedding?
2 ...the last year of school
3 this year's venue ...
4 Anyway, it will be fun.
5 I'm excited
6 backless
7 ... on the bodice
8 ... no need to worry
9 I am not only clever but also tall and ...

30 Giving reasons (not only because of this but also because of that, so . . .)

noun も	adj. (plain form) verb (plain form)	+し	noun も	adj. (plain form) verb (plain form)	+し

In very polite speech, the masu forms are used in every part of a sentence.

Examples:

ぼくは せも高いし、ダンスもできるし...。
I am not only tall but can also dance, so . . .

フォーマルは、タキシードも高いし、パートナーもいないし、行きたくないんです。
As for the formal, a tuxedo is expensive and I also don't have a partner, so I don't want to go.

九州は、冬もあたたかいし、夏もすずしいし、すみやすい所です。
As for Kyuushuu, not only are the winters warm but the summers are cool, so it is an easy place to live in.

Note: し can also be used to link ideas where the meaning is only 'and'.

Example:

テニスができるし すいえいもできます。
You can play tennis and also swim.

ぼくは、かおがいいし、ダンスができるし...
I am handsome and I can dance, so . . .

れんしゅう

Link the following sentences using し, so that the first two sentences give a reason for the third. Change particles to も where necessary.

1 冬には、雪がたくさんふります。ホテルは あいていません。行かないほうがいいんです。
2 このロングドレスはいろがへんです。サイズが小さいんです。買いたくないんです。
3 あの店はりょうりがおいしくないんです。ねだんが高いんです。あまり人気がありません。
4 田中さんはビールを飲みました。ワインをたくさんのみました。かなりよっていますね。
5 バスがありません。電車がありません。車がひつようです。

Verb pairs

Japanese has many pairs of verbs that are closely related in meaning and sound. They are often written with the same Kanji. These verbs are the **transitive** and **intransitive** versions of the same verb.

Transitive means that the verb has a subject (the doer of the action) and an object (the receiver of the action.)

Intransitive means that the verb has a subject only.

Consider the following pairs of verbs. Note the change of particles.

Transitive	Intransitive	Example sentence
止める と	止まる と	けいさつが車を止めました。 The police stopped the car. 車が止まりました。 The car stopped
出す だ	出る で	ねこを外に出してください。 Please put the cat outside 田中さんはもう出ました。 Mr Tanaka has already left.
始める はじ	始まる はじ	来週、日本語のべんきょうを始めます。 Next week I begin the study of Japanese. 来週、日本語のべんきょうが始まります。 Next week the study of Japanese begins.
入れる い	入る はい	おさとうをコーヒーに入れないでください。 Please don't put sugar in the coffee. 友達は、店に入りました。 My friend entered the shop.

You will find a list of common transitive and intransitive verb pairs on page 162.

れんしゅう

Choose a suitable verb from the following list and explain the pictures.

Example: ふじ山を見ます。　ふじ山が見えます。

Transitive	Intransitive	
1 見る	見える	*see, be visible*
2 聞く	聞こえる	*hear, be audible*
3 けす	きえる	*extinguish*
4 しめる	しまる	*close*
5 開ける	開く	*open*

31 Describing how things are (the state of things)

～が／は	intransitive verb て form	＋いる
～は／が／	transitive verb て form	＋ある

Note:

The intransitive verb followed by「～ている」means that the state was brought about by an unknown agent.

The transitive verb followed by「～てある」means that the state was brought about for a purpose.

Examples:

ドアがあいている。The door is open. (It could have just opened by itself.)

ドアがあけてある。The door has been opened. (Someone has opened it for a reason.)

ドレスに、小さな花が ついている。Small flowers are attached to the dress.

ドレスに、小さな花がつけてある。Small flowers have been attached to the dress.

小さな花は、ドレスにつけてある。As for the small flowers, they have been attached to the dress.

れんしゅう

1 Using transitive verbs ～てあります, describe the way the room has been prepared for the party.

Example:

きれいな花がかざってあります。

2 Using intransitive verbs ～ています, describe the following pictures.

Example:

まどがあいています。

イディオム

小さな and 大きな are commonly used instead of 小さい and 大きい.

As you know, adjectives fall into three main categories:

1　い adjectives which are the largest group, and are sometimes called true adjectives.
2　な adjectives which are really a noun plus な and are sometimes called quasi adjectives.
3　の adjectives which are also nouns plus の.

As in all languages, variations can occur and 小さな and 大きな sound soft and childlike, so are used when the speaker wants to sound coy.

小さな and 大きな commonly occur in fairy tales.

ききましょう

Listen to Lisa, Don and Maki discussing the end-of-year celebrations.

1　Where do they plan to hold the celebration?
2　What activities are suggested?
3　What are the advantages of this location?
4　What does Maki tell the others about the end of the school year in Japan?
5　What is Maki's impression of Australian school life?

32 Excusing yourself ('I have to go now')

> そろそろしつれいします。I have to go soon.
> では、しつれいします。Well then, excuse me.

そろそろ means 'slowly', 'soon'
そろそろしつれいします
is the equivalent of 'I hate to
tear myself away but . . .'

Peter is visiting his friend Ichiro's house. He is about to leave. He makes his excuses to Ichiro's mother.

ピーター： では、そろそろしつれいします。

お母さん： こんなに早く？まだいいでしょう。どうぞもっとごゆっくり。

ピーター： ありがとうございます。でも、バスは5時10分に出ますから。

お母さん： そうですか…。それでは、お気をつけて…。
また、どうぞ、いらっしゃってください。

ピーター： ありがとうございます。ではしつれいします。

分かりましたか

Can you explain the cartoon?

Reading and writing Kanji

Kanji	Stroke order	Reading	Meaning	A way to remember
作	ノ イ イ / 亻 作 作 / 作　7	つく（る） *さく *さ	to make	A person 人 takes a saw to **make** something.
最	丶 日 旦 / 甼 昌 昌 / 昌 最 最　12	もっと（も） most *さい		The sun 日 shines down on someone with their hands over their ears 耳. It is a **most** odd sight.
初	丶 ラ ネ / ネ ネ 初 / 初　7	はじ（めて） for the first はじ（め） time はつ beginning *しょ first		A long cloak and sword 刀. In the **beginning** the samurai wore cloaks and swords.
長	丨 厂 F / F 乚 長 / 長 長　8	なが（い） long *ちょう head of institution		This apache has **long** hair, held together with a clip. This shows that he is the chief.
安	丶 丶 宀 / 宍 安 安	やす（い） cheap, inexpensive *あん peace		Two can live as **cheaply** as one, so they say. Especially if one is a woman 女! There will also be **peace** in the house.
晩	日 日 日' / 日ク 日ク 晄 / 晩 晩 晩　6	*ばん	night, late evening	When the sun 日 goes down in the **evening** you can't see the thing that is bound up 免.
終	ノ 幺 幺 / 牟 弁 糸 / 糸' 終 終　12	お（わり） お（わる） end *しゅう to end		A thread 糸 + winter 冬. When winter **ends**, a thread of sunshine appears.
頭	一 日 豆 / 豆 豆 豆' / 豇 頭 頭　11	あたま *とう *どう *ず	head, top	One 一 mouth 口, 2 eyebrows and a nose are on the left. A hat over the eyes 目 and 2 ears are on the right. Put it together for **head**.

Compounds

Can you guess the meanings?

作文	さくぶん	安心	あんしん	駅長	えきちょう
最初	さいしょ	二晩	ふたばん	頭痛	ずつう
校長	こうちょう	最終	さいしゅう	先頭	せんとう

お父さん, お母さん, お元気ですか。 ぼくの方は 毎日 元気に がんばっていますから, ご安心ください。 こちらは, 今, 夏の初めで かなり あつくなりました。 ちょうど 4がっきの終わり, そして高校最後の年なのでみんな しけんのべんきょうで とても いそがしくしています。

さて, 高校最後の年の終わりには, いろいろなイベントが あるんですが, その中でも 一番 大切なのは, "フォーマル" だそうです。フォーマル というのは, 大きい パーティーのようなもので, ずっと前から みんな 大さわぎしています。 フォーマルに 着ていく ドレス, スーツのことや, 乗っていく車のことなど みんなで いろいろ かんがえています。最近は, もう, フォーマルのこと ばかり, 話しているんですよ。

それで 今日, 手紙を書いているのは, お父さんとお母さんに, ちょっと おねがいが あるんです。 このフォーマルに 着ていく スーツは タキシードで, ふつう みんな かしいしょうを かりるんですが, これが とても 高いんですよ。高校生が タキシードを 着るなんて 本当に びっくりするでしょう!? ぼくも 最初は, ずいぶん びっくりしました。 それから フォーマルは 一流ホテルで するんですが, そのホテルまで 乗って いく リムジンも いるんです! それで タキシードだい と リムジンだい, そのほかにも いろいろ いりますので, すみませんが, 2万円ぐらい おくって ください。 おねがいします できるだけ 安いのを かりるように します。 では, 今日は これで・・・。 お父さんも お母さんも どうぞ かぜを ひかないように, 気をつけてください。 さようなら。

10月 1日　　　　安長より

分かりましたか

Prepare the dialogue that would have taken place if Yasunaga had telephoned his parents instead of writing to them.

33 Describing appearance (the way things look)

noun の	+	よう ような ように ように	です noun です。 adj. です。 (adv.) verb

Examples:

にぎやかな都市です。大阪のようです。 It is a bustling city like Osaka.

大きなパーティーのようなものです。 It is (a thing) like a big party.

アマンダさんの目は、そらのように青いです。 Amanda's eyes are blue like the sky.

あの人は、ねこのように、しずかに歩きます。 That person walks quietly like a cat.

Note:

同じ is very often used with ような or ように

同じような *similar, same kind of*

同じように *in a similar way, like*

Examples:

みんな同じようなタキシードを着ます。

Everyone wears the same kind of tuxedos.

みんなさると同じように、木にのぼりました。

Everyone climbed the tree like monkeys.

同じ is an adjective, but it is an exception to the rules. Nothing is added between 同じ and the noun it describes.

For example, 同じ人 the same person. In other respects it changes in the same was as a な adjective.

れんしゅう

Link a suitable phrase from list A with a suitable ending from list B.

A
1 おみそしるは、
2 あなたは、日本人と
3 あの先生は
4 女の子は同じ
5 ピーターさんは日本人のように
6 おびはベルトのような
7 テリーさんはアガシーのように

B
a) お母さんのように子供が好きです。
b) すごく上手にテニスができます。
c) 同じように、ぺらぺら話せますね。
d) チキン・スープのような和食です。
e) 日本語が話せます。
f) ものです。着物をきた時にします。
g) ようなロングドレスを着ました。

Exchange student Kaori Endo wrote the following article about Seijinnohi for the LOTE section of a high school magazine. In Japan, each local government holds a congratulatory ceremony (せいじんしき) on January 15 for all its citizens who have attained their legal maturity; that is, those who turned 20 in the preceding year. Read Kaori's article and find out more about Seijinnohi.

　先週、成人式に出席しました。成人式というのは、１月15日の成人の日に、それぞれの町でおこなわれる式のことです。毎年、その年に20才になる人たちが 出席します。

　最近、男の人はみんな、ふつうのスーツを着ますが、女の人は、着物を着る人が多いです。私は父が作ってくれた着物を着ました。ごふく屋の父は、この日のために、私に にあう着物をとくべつちゅうもんしてくれたんです。

　その日は、朝早く、美容院へ行って、おけしょうとヘアと着付けをやってもらいました。それから、フォト・スタジオへ行って、しゃしんをとってから、そぼのうちへあいさつに行きました。その後、大学の友達が待っている会場へタクシーで行きました。

　会場で、ぐうぜん、小学校や中学校の友達に会って、とてもおもしろかったです。みんな、大人のなかまいりだ、お酒ものめる、たばこもすえる、せんきょけんもあると、うれしそうに話していました。

　式よりも、友達と話ができて、よかったです。その晩、みんなでカラオケに行きました。

せんきょけん	20才
飲酒	20才
たばこ	20才
車の運転	18才
バイクの運転	16才

分かりましたか

1　What was special about Kaori's kimono?
2　Describe the events of the day as Kaori experienced them.
3　What are the differences between becoming an adult in Japan and Australia?
4　When we list related things in English we use a semi-colon; how is it done in Japanese?

着物 (kimono)

The kimono has changed little in nearly a thousand years. It is no longer everyday attire, because it is unsuitable clothing for a busy modern life. However the kimono is still worn on special occasions such as weddings, new year celebrations and Seijinnohi, as well as to formal occasions such as funerals.

The kimono is usually made from silk, and the most prized are hand stitched. This skill is still taught in the traditional way in kimono workshops like the one shown in the photographs.

Young girls wear brightly coloured kimonos, with sleeves that are lengthened below the elbow so that this part of the sleeve hangs down below the wearer's knees. Married women wear more subdued coloured kimonos which have ordinary sleeves. The patterns on the kimono, usually reflect the seasons and it is a special craft to hand block the patterns on the silk cloth. The kimono is held in place by a very long, wide stiff sash called an obi. It is tied at the back in a butterfly shape for young girls, and a cushion shape for married ladies. The magnificent, silk brocade cloth for the obi is woven in traditional workshops.

Wearing the kimono

It is almost impossible to dress oneself in the kimono and obi, and a dresser is necessary. Schools exist to teach the correct way to wear the kimono.

If you want to wear a kimono, or yukata (the informal cool cotton version), take care to cross the folds to the right, like a man's shirt, and not to the left like a girl's blouse. In Japan they dress the deceased in a kimono folded to the left!

Vocabulary

あ	あいさつ	*greeting*
	（ご）あんしん（安心）（する）	*relief, to be relieved, to feel easy*
	いる ⟨う⟩	*to need*
	おおさわぎ（大騒ぎ）	*big fuss, uproar, hubbub*
	おこなわれる ⟨る⟩	*to be held*
	おとな（大人）	*adult*
	おどる ⟨う⟩	*to dance*
	おもいで（の）	*memorable*
か	かいじょう（会場）	*venue, meeting place, site*
	かしいしょう	*costume hire*
	かりる ⟨る⟩	*to hire*
	きつけ（着付け）	*dressing*
	きぶん（気分）	*feeling*
	ぐうぜん	*by chance*
	けっこんしき	*wedding ceremony*
	ごふくや（屋）	*kimono shop*
さ	さいこう（最高）	*supreme, the best*
	さいご（最後）	*last, final*
	しき（式）	*ceremony*
	しゅっせき（出席）（する）	*attendance, to attend*
	せいじんしき（成人式）	*coming of age celebration*
	せいじん（する）	*an adult, a grown-up person, to become an adult*
	せなかがあいている	*backless*
	せんきょけん	*the right to vote*
	そろそろ	*slowly, gradually, soon*
た	タキシード	*tuxedo*
	ちゅうもん（する）	*an order, to order, commission*
な	なかまいり	*joining in*
	にあう ⟨う⟩	*to suit, to be becoming, be suitable*
は	びよういん（美容院）	*hairdresser*
	フォト・スタジオ	*photography studio*
	プランをねる ⟨う⟩	*to hatch a plan, work on an idea*
ま	むね	*bosom, bodice*
ら	リムジン	*limousine*
	レース	*lace*
わ	ワクワクする	*to be excited*

将来の夢
しょうらい　ゆめ
Dreams of the future

The following letters appeared in a Japanese youth magazine. Do you agree with the opinions expressed?

青森県　サナエ

私は今、高校三年生。両親は「いい大学へ行って、有名な会社に入ってほしい。」なんて言ってるけど、私はぜんぜん、ちがうことがしたい。

去年から、ロックバンドをやっていて、メンバーのみんなは しんけんにプロになりたいと思っている。オリジナルのうたを作って、テープをレコード会社におくったり、オーディションをうけたりしている。

母は、いつもこごとを言うし、父も、私がバンドをやることにはんたい。でも、10月にもオーディションがあるから、うけるつもり。プロのバンドになれるようにがんばりたい。

ロックバンド

自分のしょうらい、自分できめたい！！

大阪市　ユタカ

ぼくは、子供の時から、料理をするのが大好きでした。今はすし屋になるのがぼくのゆめです。高校をそつぎょうしたら、どこかのすし屋で、みならいとして、働きたいと思っています。

でも、母親がすごくはんたいなんです。母はぼくに、はいしゃになってほしいんです。はいしゃなんて、どんなに がんばっても むりだと思います。それに、なりたくありません。

母にもぼくの気持ちをわかってほしいんですが、何と言ったらいいか わかりません。

スポーツインストラクター

OL

?

広島県　ミワコ

私の二十三才の姉は、女子短大をそつぎょうして、ある会社で働いています。短大では、英文学を勉強したのに、仕事はコピーをとったり、お客さんにお茶を出したり、そんなことばかりだそうです。最近、両親が、そろそろ結婚をかんがえた方がいいと言って、姉は、もう二、三回、お見合いをしました。

両親は、私にも姉と同じ短大に行ってほしいと言っていますが、私は姉のようになりたくありません。私は、デザインのせんもん学校で、ファッションの勉強をしたいのです。そして、しょうらい、ミラノやパリで、デザイナーの勉強をしたい。父も母も、女は早く結婚した方がいいと思っていますが、私の気持ちを分かってほしいんです。

さっぽろ市　ケンイチ

ぼくは自分が何をしたいか、わからない。友達はみんな、行きたい大学や、やりたい仕事を見つけているのに、ぼくはまだ何もわからない。

両親は「アメリカかオーストラリアへりゅう学したらいい。」と言っている。でもぼくは、英語があまりできないし…、外国で生活できるかどうか心ぱいだ。びょうきになったら、どうしよう。友達ができなかったらどうしよう。そればかり かんがえて、とても心ぱいだ。

分かりましたか

1　How are these ideas expressed?

a)　They are saying that they want me to . . .

b)　. . . a completely different . . .

c)　. . . seriously want to be . . .

d)　. . . always nags me . . .

e)　. . . is against . . .

f)　. . . work hard and do our best to become . . .

g)　. . . is my dream.

h)　. . . when I graduate . . .

i)　. . . as a trainee . . .

j)　. . . such as a dentist . . .

k)　. . . want her to understand my feelings . . .

l)　. . . don't know what to say.

m)　It would be good to be . . .

n)　I worry whether I can . . .

o)　What shall I do if . . . ?

p)　. . . graduated from a women's short course university.

q)　. . . better think about getting married.

2　Explain your own dreams of the future.

34 Expressing wants (wanting someone to do something for you)

(person に)	verb て form	+ほしい ほしくない	wants doesn't want	(a person) to do ...
	or verb ないで	+ほしい	wants	(a person) not to do ...

Examples:

両親は（ぼくに）有名な会社に入ってほしいんです。

My parents want me to enter a famous company.

母は ぼくに はいしゃになってほしくないんです。

Mum doesn't want me to become a dentist, you see.

母にぼくの気持ちをわかってほしいんです。

I want Mum to understand my feelings, you see.

ちょっと、トマトソースを持ってきてほしいんだけど...

Excuse me, I want you to bring the tomato sauce.

かれに 来ないでほしいんです。

I want him not to come.

Note: The て form + もらいたい can also be used, but てほしい is a very common expression.

As in English, you can only use the expression 'I want you to' to friends, family members or juniors. To express the politer 'I'd like you to', use ～て いただきたいんです。

Example: スミス先生、私のサインちょうに何かかいていただきたいんですが...

Miss Smith, I'd like you to write something in my autograph book please.

れんしゅう

1 Using the pictures, ask someone to do the following for you using ～てほしい.

Example: ちょっと、ここにすわってほしいんだけど...

Excuse me. I want you to sit here.

2 Say that your parents want you to do/don't want you to do the following:

a) become a teacher.

b) go to university.

c) go to your grandmother's home for the holidays.

d) get your driving licence.

e) do a part-time job.

f) go to the formal.

g) become an exchange student.

h) go backpacking by yourself.

i) to go a beach party with friends.

j) buy a motorbike.

35 Expressing when/if (たら)

sentence one, plain past (positive or negative)	＋ら	sentence 2

Examples:

学校をそつぎょうしたら、すしやで働きたいと思います。

When I graduate from high school, I want to work in a sushi shop.

そつぎょう できなかったら、どうしよう。

If I don't graduate, what shall I do?

さむかったら、ヒーターをつけてください。

If it is cold, please turn on the heater.

しずかだったら、いっしょうけんめいべんきょうできるんですが...

If it were quiet, I guess I could study hard.

木曜日が休みだったら、ぼくも行きます。

If Thursday is a holiday, I will go too.

Note: ～たら means 'when' if the idea expressed in sentence one is a certainty.

If there is a doubt, then ～たら means 'if'.

The idea of 'if' is often reinforced by the addition of the word もし or もしも.

Example: もし、お金があったら、休みに日本へ行くでしょう。

If I had money, I would probably go to Japan in the holidays.

れんしゅう

Link a sentence from list A, with a suitable ending from one of the illustrations in B, using ～たら.

Example: 雨がふる。（もし／もしも）雨がふったら、キャンプに行けません。

A
1 十七才になる。
2 日本語が上手になる。
3 パーティーがつまらない。
4 大学に入れない。
5 パートナーがいない。
6 両親がはんたいだ。

イディオム

'it would be nice if'	can be expressed using	〜たら ＋ いい
'it would have been nice if'		〜たら ＋ よかった

Examples:

ゆみ子さんも、パートナーがいたら、いいですね。

It would be nice if Yumiko has a partner too, wouldn't it?

ふじ山にのぼれたら、よかったですね。

It would have been nice if we could have climbed Mt Fuji, wouldn't it?

36 Do in such a way that someone can . . .

verb plain potential form	＋ように . . .

Examples:

プロのバンドになれるように、がんばります。

We are working hard so that we can become a professional rock band.

大学に入れるように、いっしょうけんめい べんきょうしています。

I am studying with all my heart, so that I can get into university.

ジャンさんがよめるように、かんじの上にふりがなをかいてください。

Please write furigana over the Kanji, so that Jan can read it.

れんしゅう

With reference to the pictures, say that you are working hard so that you can become each of the following.

Example: <u>高校の先生になれるように、</u> がんばります。or いっしょうけんめい べんきょうしています。

37a Expressing doubts, concerns

どんなに	+ verb adj. て form	+ も	+ negative approach

Examples:

どんなにいっしょうけんめい<u>べんきょうしても</u>、むりだと思います。

No matter how hard I study, I think it's impossible.

そのパーティーがどんなに<u>おもしろくても</u>、私は楽しめないと思います。

No matter how much fun the party is, I don't think I will enjoy it.

テニスがどんなに<u>上手でも</u>、プロになれないと思います。

No matter how good I am at tennis, I don't think I can become a professional player.

Note: The て form of な adjectives is で.

37b Expressing determination

どんなに	+ verb adj. て form	+ も	+ positive approach

Examples:

どんなに時間がかかっても、がんばります。

No matter how long it takes, I will stick at it.

どんなにむずかしくても、やってみます。

No matter how hard it is, I will try to do it.

ゴルフがどんなにへたでも、毎週れんしゅうします。

No matter how poor I am at golf, I will practise every week.

れんしゅう

1 Complete the sentences in A with a suitable ending from B. Say the whole sentence in Japanese.

A 1 No matter how difficult
  2 No matter how sleepy I am
  3 No matter how long I wait
  4 No matter how late it is
  5 No matter how delicious it is

B a) もう、食べられません。
  b) 楽しみにしています。
  c) スチュワーデスになるつもりです。
  d) 毎晩一時まで勉強するつもりです。
  e) 来てください。

2 Change the verb or adjective to the appropriate form and connect to a suitable ending.

Example: 早く走る。 ＋ 一番になれない。 → どんなに早くはしっても、一番になれない。

1 れんしゅうする。
2 すしがおいしい。
3 はたらく。
4 かんがえる。
5 お酒が好きだ。

a) お金がたまりません。
b) 飲酒運転しません。
c) 運転が上手になりません。
d) ジョンは食べないと思いますよ。
e) もうアイディアが出てきません。

Reading and writing Kanji

Kanji	Stroke order	Reading	Meaning	A way to remember
	一 冂 冂 回 回 回 6	まわ（す） まわ（る） *〜かい	*to turn* *to turn* *〜turns, times*	Throw the dice onto the board to see whose **turn** it is.
	ク ク 名 名 色 免 免 勉 勉 10	*べん	*to exert oneself*	 The thing that is tied up, 免, uses strength 力, to **exert itself**.
	一 コ 弓 弘 弘 弘 弘 強 強 強 11	つよ（い） *きょう *ごう	*strong*	A bow 弓 katakana ム and an insect 虫. With my bow I'm **strong** enough to kill this giant insect!
	言 言 言 言 言 計 計 詰 詰 読 14	よ（む） *とく *どく	*to read*	To say 言, + to sell 売. Selling by saying, as in advertisements which we have to **read**.
	イ イ 仁 仔 俑 俑 俑 俑 働 働 13	はたら（き） はたら（く） *どう	*work* *to work*	A person 人 needs lots of strength 力 to push a heavy 重 car 車 with two extra wheels. It is hard **work**.
	ノ イ イ 什 仕 5	つか（える） *し	*to serve* *work*	Not a pile of earth, but the face of the lord of the castle. He has a retainer, a person 人 to **serve or work** for him.
	ヿ ア ヨ ヨ 聿 圭 書 書 書 10	か（く） *しょ	*to write*	A brush held in the hand, a weight to keep the paper still while you **write**.
	一 十 艹 艹 茶 茶 茶 茶 茶 9	*ちゃ *さ	*tea, tea plant*	The symbol for plant 艹 over a teapot decorated with a cross and **tea** leaves.

Compounds   Can you guess the meanings?

何回	なんかい	働き手	はたらきて	読書	どくしょ
回転	かいてん	仕方	しかた	図書館	としょかん
勉強	べんきょう	仕事	しごと	紅茶	こうちゃ

向井千秋さんに聞きました。

どうしたら宇宙飛行士になれますか？

平成6年7月9日午前1時43分（日本時間）向井さんが乗ったスペースシャトル「コロンビア」はケネディー宇宙センターからとんだ。向井さんは、日本人で初めての女性宇宙飛行士だ。

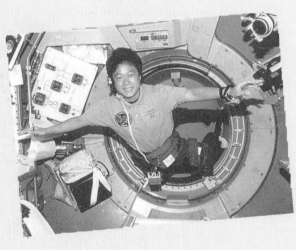

私のこどもの時のゆめは、いしゃになることでした。一生けんめい勉強して、24才の時、いしゃになりました。

そして、8年後。32才の時、新聞で"宇宙飛行士、募集"という記事を見ました。その時、宇宙飛行士になることが、私の2番目のゆめになりました。

宇宙飛行士になるための、とくべつな学校はありません。宇宙での仕事はいろいろですから、いろいろなのうりょくを持っている人達がひつようなのです。

みなさんが、宇宙飛行士になりたかったら、"自分が、しょうらい、宇宙に行って、どんな仕事をしたいか"かんがえてください。そのために、ひつような勉強を、とにかく一生けんめい、やってください。

それから、世界中から来た人達と仕事をするために、チームワーク、外国語、たいりょくもひつようです。

ゆめをじつげんするためには、長い時間がかかります。私は、いしゃになるために14年、宇宙飛行士になるために10年かかりました。でも、ゆめはかならずじつげんします。あきらめないで、がんばってください。

分かりましたか

1 向井さんの一番のゆめは何でしたか。
2 どうしたら宇宙飛行士になれますか。

先ぱいたちは
こうして ゆめを
つかんだ

大せいこう！

日本とオーストラリアの先ぱいたちのサクセス・ストーリー！

日本から

まきのみどりさん
アメリカン・エキスプレス

東京オフィスで働いていますが
スタッフは、アメリカ人が多く、
毎日 英語を使っています。
しょうらいは、海外のオフィスで、
働きたいですね。

英語を使う仕事をしたかった
ので、いろいろな外資系の
会社をほうもんしました。

専門学校で
2年間、英語を専門に勉強。
先生は、アメリカ人や
カナダ人。アルバイトで、
かんたんなつうやくや、英語
のガイドもしました。

高校じだい
高校2年生の時、日本の
学校を1年休んで、ニュー
ヨークへりゅう学して
楽しかった！

オーストラリアから

ルーク・マクラウドさん
山形テニス・クラブ

好きだったテニスで仕事が
できて、最高。夜は英会話を
おしえている。日本で
生活するのはとても楽しい。
来年、大学にもどるけれど、
そつぎょうしたら、また
日本にもどるつもり。

高校の時の友達が日本へ
りゅう学。夏休みに会いに
行った。友達のホストの
お父さんは、テニス・ク
ラブのオーナーで、コー
チを さがしていた。
ぼくは、ここで働くこと
になった。

大学では、コンピュータ・
サイエンスを勉強しながら、
日本語の勉強もつづけて
いた。もちろんテニスも。

高校じだい
学校のじゅぎょうで
日本語を勉強していた。
スポーツはテニスがとくい
で、州のトーナメントにも
でた。しょうらい、プロに
なりたかったが、足にけが
をして、あきらめた。

ここから
スタート !!

分かりましたか

Discuss Midori and Luke's stories, and decide how much their success is due to luck,
planning, hard work or a combination of all three.

その４

今日は、一年生の美島洋二（みしま ようじ）さんに、いろいろ話しを聞きました。

　　ぼくは、高校の時は、にゅうしにしっぱいしたら、どうしようと、そればかり、
しんぱいしていたんです。ろうにんするのは、はずかしくて、いやですからね。
毎日が、じゅけんじごくで、たいへんでした。本を読んだり、音楽を聞いたりしたかっ
たのに、そんな時間は、あまりありませんでした。となりの大学生が、すごくうらや
ましくて、ぼくも、春には大学生になれるように、毎晩おそくまで勉強したんです。
　　だから、しけんにパスして、大学に入れた時は、うれしくてたまりませんでした。
　　高校では、あんなにガリガリ勉強したんだから、大学では、のんびりして、
できるだけリラックスしようと思っているんです。もちろん、大学をそつぎょう
したら、いい仕事を見つけたいですよ。一りゅう会社で働くのが、ぼくのゆめです。
でも、それは、ずっと先のことで、来年も、さ来年もありますからね。
　　大学せいかつで一番おもしろいのは、やっぱりコンパですね。入学してから、
もう、３回ぐらい、コンパに行きましたが、だれとでもしたしく話しができるんで
す。みんな、勉強のことなんかわすれて、さわいだり、食べたり、うたをうたったり
するんですよ！ ぼくも、初めてコンパに行った時は、とてもびっくりしましたね！
一年生のかんげいコンパや、がっきの終わりのコンパや、４年生のおわかれコンパや、
いろいろなコンパがあって、クラブやサークルの友達といっしょに行くんです。

コンパ
また
コンパ

分かりましたか

Make a list of the similarities and
differences between university life in Japan
and university life in Australia.
Debate the issue: 日本人の大学生は
　　　　　　　　　なまけものだ。

大学入学試験 だいがくにゅうがくしけん University entrance examinations

In Japan, the most prestigious, well paid jobs are to be found in the top-ranking companies. These companies recruit annually from the top-ranking universities, so it is the dream of many young people and especially their parents, that they pass the entrance examination to a top-ranking university. The number of students who wish to enter a top-ranking university far exceeds the number of places available and a very difficult entrance examination is used to select students. In order to have any chance of passing this examination, students start preparing themselves from kindergarten. First they have to be accepted into the right kindergarten in order to be accepted into the right primary school. Then they study very hard to pass the entrance examination to a top junior high school, and from there study very hard to pass the entrance examinations to a top senior high school. The competition is so ferocious, that most students attend juku (cramming school) for several hours after school, and spend most of their teenage years preparing for examinations.

受験地獄 じゅけん じ ごく Examination hell

The entrance examinations are very difficult and require the student to have memorised an enormous amount of facts. This constant cramming of information, and the stress of sitting ever more difficult examinations is known as the examination hell じゅけんじごく. Since each university sets its own entrance examination, many students sit the entrance examinations of several universities to increase their chances. There is an examination fee for every examination sat, very high fees for juku, and also high fees to attend the more prestigious private schools. The pressure on students to do well in the examinations is enormous and for some high school students who cannot cope with the stress, suicide is a sad annual event.

浪人 ろうにん Repeat students

Students who do not pass the examination into the university of their choice, and who continue to try again, are known as 'ronin', the name given to masterless samurai in feudal times. Some students work alone, others attend 'yobiko', private coaching colleges.

Once students have been accepted by a university, they can relax and enjoy life. University requirements are not stringent and few fail the courses.

Reform

Efforts are being made to improve the system of university entrance, and perhaps one day the じゅけんじごく will be an event of the past.

ききましょう

Mark and Yoshiko are discussing their futures.
1 What influences Mark's choice of career?
2 Explain what has he been doing to achieve his goal.
3 Is Mark feeling confident? Explain.
4 What does Yoshiko say to tease him?
5 What is Mark's second choice?
6 What is influencing Yoshiko's plans for her future?

Vocabulary

あ	あきらめる （る）	*to give up an idea*
	いっしょう（一生）けんめい	*with all one's heart, earnestly*
	うちゅう（宇宙）	*the universe, space*
	うちゅうひこうし（宇宙飛行士）	*astronaut*
	えいぶんがく（英文学）	*English literature*
	（お）みあい（見合い）	*interview to consider marriage*
か	がいこく（外国）	*foreign country*
	がいしけい（外資系）	*foreign owned*
	かいわ（会話）	*conversation*
	かならず	*certainly, without fail*
	かんげい	*reception, welcome party*
	こごとをいう（小言を言う）（う）	*to scold, rebuke, nag*
	〜ことになる （う）	*to be decided that 〜*
	コンパ	*a social (from companionship)*
さ	したしい	*friendly, familiar*
	じつげん（する）	*realisation, to realise, (a dream)*
	じょし（女子）	*woman, female*
	じょせい（女性）	*womanhood, femininity*
	しんけん（に）	*seriousness, seriously*
	せんもん（専門）	*specialty, field of study*
	せんもんがっこう（専門学校）	*technical college, TAFE*
	ずっと	*far, by far, straight, all the time*
	そつぎょう（する）	*graduation, to graduate*
た	たいりょく（体力）	*physical strength*
	たんだい（短大）	*short course university (2 years)*
	つうやく（通訳）（する）	*interpretation, to interpret*
	〜として	*as a, by way of*
な	のうりょく（能力）	*capability, competency (brain power)*
は	はいしゃ	*a dentist*
	ほうもん（訪問）（する）	*a visit, to visit, call on*
ま	みならい（見習い）	*apprenticeship, apprentice, trainee*
	むり	*impossible, unreasonable, unjust*
や	ゆめ（夢）	*a dream*

世界は一つ
One world

In these three units you will learn how to:

- discuss collecting for disaster relief
- discuss overseas aid
- express your opinion on volunteers abroad
- discuss the challenges of living in Japan as a foreigner

UNIT 1 ボランティア、いない？

Any volunteers?

After the Kobe earthquake, the need to help the unfortunate received a fresh impetus in Japan. Read the headlines, and then the letters to the editor which followed.

ボランティア活動（かつどう）はファッショナブル？
＝＝かっこいいから やりたい。
でも、きたないことは いや。＝＝

ボランティア活動は
今の流行（りゅうこう）のようなもの？

高校生、大学生の
ボランティア活動
参加（さんか）したことがある人は
5%

神戸（こうべ）の大地震（だいじしん）で
ボランティアの
すばらしさを知った。

ボランティア活動は
若者（わかもの）のトレンド？

ぼく達も新聞やニュースでボランティアが大切だということは知っています。でも、じっさいに、ぼくたちは、今じゅけん勉強でいそがしくて、ねる時間もないのです。
じゅけん勉強を しなくてもいいなら、よろこんで、いろいろなボランティア活動をしたいです。

山口県　高校3年　男子

戦争（せんそう）をしている国。かんばつでくるしんでいる人々。洪水（こうずい）で、家をうしなった人々。世界（せかい）には、私達のえんじょをもとめている人々が、おおぜい いる。私は 教師として、生徒（と）に そういう世界のもんだいについて教えたい。私達は、何ができるのか話し合（あ）いたい。でも、じっさいは、カリキュラムのもんだいで、ぜんぜん、教える時間がない。とてもざんねんなんだ。

秋田市　教師（きょうし）（三十五才）

広島市　小学校教師

平成7年1月、神戸の大地震のニュースがながれました。被害の大きさにみんなショックをうけました。

私の5年生の生徒は、ホームルームで何ができるか、話し合いました。

「こんなに寒い時に、家もふとんもなくて、かわいそう。」

と、だれかが言いました。そして、みんなで、古着をあつめて、送ることにしました。次の日、みんな、セーターや、ジャンパーや、シャツやてぶくろなどを持って来ました。それを、きちんとはこに入れて、「神戸のみなさん、がんばって下さい。」と手紙も書きました。

あのときから、子供達にとって、ボランティア活動が、みじかなものになりました。

大阪市　高校1年　女子

私達の学校は、ロータリークラブのボランティア活動に参加しています。ぶんかさいで、飲物やおかしを売ったり、ガレージセールをやったりして、そのお金を、世界のいろいろな国にきふしています。去年のきふは、南インドのアナプルナというところで、井戸をほるために、使われました。今年のきふは、マレーシアの病院に送るそうです。私達には、大きいことはできないけれど、みんなで力を合わせて、つづけたいと思っています。

分かりましたか

1　Do the headlines present a positive or negative view of young people's involvement in work for the needy? Explain why you think so.

2　Which letter or letters present a similar view of voluntary work to your own or your classmates'.

38 Expressing supposition—'if it is true that', 'if'

You already know how to make 'if' sentences using verb たら. However, if the sentence ends with です or だ, change です (or だ) to なら. This is because なら is the 'if' form of です and is short for ならば.

noun な adjective verb　plain form の／んです い adj	です	＋ なら

Note: 1 In modern speech ん or の is often dropped.

　　　　2 でした／だった becomes だった(ん)なら.

　　　　3 There is little difference between だったら and だったなら.

Examples:

田中先生なら、今おしえているでしょう。

If it is Mr Tanaka (that you want), he is probably teaching now.

このへやがしずかなら、もっとよく勉強できますか。

If this room were quiet, could you study better?

町に行くのなら、パンを買ってきてください。

If (it is a fact that) you are going to town, please buy some bread.

じゅけん勉強をしなくてもいいなら、よろこんで、ボランティア活動をします。

If we did not have to study for entrance exams, I would be delighted to do voluntary activities.

れんしゅう

Combine a sentence from list A with a suitable sentence from list B using なら.

Example: 東京に行くのなら、秋子さんに電話してください。

A

東京に行くんです。

千円です。

道子さんが好きです。

先生が来たんです。

友達が一人しか来ないんです。

アメリカに行きたいんです。

B

お金をたくさんためたほうがいいんですよ。

早くきょうしつに入らなければならないよ。

秋子さんに電話してください。

パーティーはやめましょう。

いっしょにフォーマルに行ったらどうですか。

私は二つ買います。

39 The passive form of the verb

Consider the following sentences.

ディンゴは羊をころしました。 The dingo killed the sheep. (**active**)

The doer of the action, the dingo, is the subject of the sentence. The verb 'killed' has an object 'sheep'.

羊がディンゴにころされました。 The sheep was killed by the dingo. (**passive**)

The sheep is the subject, there is no object. The doer of the action is not the subject but the <u>agent</u> by which the action takes place.

Note: In Japanese, the 'agent' of the action, when mentioned, in a passive sentence is always followed by に or によって. However, there are many passive sentences which do not have an agent of the action.

Examples: きふはいどをほるために<u>使われました</u>。 The donation <u>was used</u> to

dig a well.

町は、アナプルナと<u>よばれています</u>。 The town <u>is called</u> Anapurna.

How to form the passive?

う verbs
か← か ＋ れる

る verbs
たべる ＋ られる

Examples:

あら<u>う</u> → あら<u>われる</u>

き<u>く</u> → き<u>かれる</u>

はな<u>す</u> → はな<u>される</u>

よ<u>む</u> → よ<u>まれる</u>

で<u>る</u> → で<u>られる</u>

み<u>る</u> → み<u>られる</u>

Irregular verbs
くる → こられる
する → される

Note: the passive form of る verbs looks the same as the potential form.

れんしゅう

Complete the information about the place described using the passive form of the verb in brackets.

ここはポート・アーサーと _____（よんでいる）。このたてものは、1830年に _____ （たてた）。このたてものの前にある井戸も、その後、すぐに _____（ほった）。このたてものは、モデル・プリズンと _____（いっている）。1848年から1852年までかかって、_____（たてた）。囚人は、一人で、このせまくて、くらいへやに _____（入れた）。何も見えなかった。何も聞こえなかった。どんなにくるしかっただろう。1887年に囚人がここにいなくなってから、カーナーヴァンという新しい名前で _____（よんだ）。このたてものは、最近、さいけん _____ （した）。毎年、観光客がたくさんおとずれている。

Vocab.

囚人（しゅうじん）convict

40 Describing troublesome events using the passive

（〜は）	（〜に）	（を）	verb passive

The passive is often used to express annoyance. The agent, which is followed by に, has caused some annoyance to the subject. The subject usually the speaker, is often not mentioned.

（私は）雨に ふられました。I was caught in the rain. (It was really annoying.)
よるおそく、友達に来られました。I was dropped in on by friends late last night. (sigh!)
（私は）だれかに足をふまれました。I had my foot trodden on by someone. (ouch!)

Note: It is not necessary to mention either the subject or the agent. The last example could be: 足をふまれました。I had my foot trodden on.

れんしゅう

Join A, B and C, and make four sentences.

A	B	C
どろぼうに	ラブレターを	よごされました。
いぬに	名前を	とられました。
へんな人に	お金を	よまれました。
母に	スカートを	聞かれました。

エチオピア
いどをほっている
ところ。
たくさんのいどが
こうしてほられました。

水のデータ

地球に、水はたくさんあるが、真水(まみず)は
0.8%だけだ！！

水がないと、ふつう、人は
3日でしんでしまう。

水で 広がる病気は、全体(ぜんたい)の80%！

おなか
いたいョー。

発展途上国(はってんとじょうこく)にすむ人々の、50%は、
安全な水を確保(かくほ)できない。

人は、1日 平均(きん)、50リットルの水
で、せいけつで けんこうな生活を、
送ることができる。しかし、先進国(せんしんこく)で
は、1日1人平均、200リットル
から、700リットルの水を使っている。

分かりましたか

Present the information that is in the article using pie graphs and a bar graph.

ゆみとレネイが あつめた95ドルは アフリカへ 送られました。二人は とても まんぞくでした。それに、おなか がすくのは どんなに つらいか、少し わかりました。その日は、朝も昼も夜も たくさん 食べて、とても しあわせでした。 (でも ゆみの体重は また3キロ ふえてしまいました。)

おわり

分かりましたか

1 Explain the significance of the title.
2 Imagine that you are Yumi, write a letter to your sister describing your participation in this event.

or

3 Imagine that you are Yumi's host brother. Explain to your Japanese friend, what Yumi and your sister did, and your opinion of the event.

41 Expressing expectations—I expect that, it is expected that . . .

verb/い adj. plain form な adj.　な noun　　の	＋ はずです（だ）

Examples:

もう四時です。もうすぐ来るはずです。

It is already 4 o'clock. I expect he will be here soon.

このケーキはお母さんが作ってくれた。おいしいはずだ。

Mum made this cake for us. It ought to be delicious.

田中先生がそのかんじを書きましたから、きれいなはずです。

Mr Tanaka wrote the Kanji, so they should be beautiful.

去年、ピーターさんの誕生日は木曜日でした。今年は、金曜日のはずです。

Last year Peter's birthday was on a Thursday; this year it should be on a Friday.

Be careful to think of はず as having the basic meaning of 'is expected to'. Sometimes it can be translated by 'ought', but the English expression 'ought to' is used not only to express expectations but also moral responsibility. Consider the following sentences.

John <u>ought</u> to be here by 1 o'clock. 一時までに、ジョンさんは来る<u>はず</u>です。 (expectation)

You <u>ought</u> to be a volunteer. ボランティアになる<u>べき</u>だ。(moral responsibility)

れんしゅう

Complete the following dialogues using ～はずです。

Example:

A すうがくのテストはできましたか。

B やさしかったから、みんな<u>できたはず</u>です。

A 今日、あの店は開いていますか。

B 今日は月曜日ですから、＿＿＿＿＿＿＿＿＿＿。

A 田中さんは7時までにうちに帰りますか。

B そうですね。会社を5時に出ましたから、＿＿＿＿＿＿＿＿＿＿＿＿＿＿＿＿＿＿＿。

A 秋子さんもパーティーに来ますか。

B きのうから楽しみにしていましたから、＿＿＿＿＿＿＿＿＿＿＿＿＿。

A あなたのいぬは何才ですか。

B さあ、おととし生まれましたから、＿＿＿＿＿＿＿＿＿＿＿＿＿＿＿＿。

A トムさんはティナさんを知っていますか。

B 二人は同じ高校に行きましたから、＿＿＿＿＿＿＿＿＿＿＿＿＿＿＿＿＿＿。

聞きましょう

You are listening to the news on radio while staying in Wakayama.

1 What has happened?

2 What does the radio station ask people to do?

Imagine that you were alone when you heard the broadcast and that your host mother has just returned. Tell her what you heard. (Don't forget to use ～そうです.)

42a Making comparisons 1: A is not as ~ as B

A は	noun ほど	negative ending

Examples:

シドニーの人口は、大阪の人口ほど大きくないんです。

The population of Sydney is not as great as the population of Osaka.

私はドンさんほどせが高くないんです。

I am not as tall as Don.

42b Making comparisons 2

A は	sentence (plain form) ほど	negative or positive ending

Examples:

あのテストは、小学生でもできるほどやさしいんです。

That test was so easy, (to the extent that) even a primary school student could do it.

40時間なんて、思ったほど長くないんです。

40 hours was not as long as I thought it would be.

Take note that you can have a negative or positive ending when ほど follows a sentence, but not when it follows a noun.

For example, 'I am as tall as Don is' cannot be expressed using ほど. Instead say:

ドンさんと同じぐらいせが高いです。

れんしゅう

Make sentences using A は〜ほど + negative, using the hints in the pictures.

聞きましょう

Yumi, Renee and Jim are talking in the school grounds at lunch time. Listen to their conversation.

1　What is Yumi complaining about?
2　Why is Renee determined to eat as much as she can?
3　What information does Yumi give the others about collecting for charity in Japan?
4　What is the difference between あかいはね and あかいはな？

分かりましたか

Japan is a predominantly Buddhist country, and that is why the man in the last picture is saying a Buddhist prayer. 'Save us, merciful Buddha'.

1　Can you guess what ありがたい means?
2　Can you explain the cartoon?

Reading and writing Kanji

Kanji	Stroke order	Reading	Meaning	A way to remember

 合

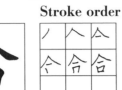

ノ　ヘ　ム
合　合　合
6

あ（う）　*to suit, fit*
あ（わせる）　*to combine, unite*
*ごう

You can only see one mouth under an umbrella. It **suits** the conditions.

 世

一　十　廿
廿　世
5

よ　*world, age*
*せ
*せい

Hiragana せ is derived from this Kanji, and that is why one of its readings is せ.

 界

｜　冂　皿
田　田　甼
皐　界　界
9

*かい　*world*

In Greek mythology, Atlas holds up the **world** on his back. Here the world is symbolised by a rice paddy.

 病

丶　一　广
广　疒　疒
疒　病　病
10

やまい　*illness*
や（む）　*to fall ill*
*びょう　*sickness*

The curtains are drawn around the patient in the hospital. He is **ill**. You can see his head on the pillow, in the bed.

 震

一　爫　雨
雨　雰　雰
霖　震　震
15

ふる（える）　*to shake, shudder*
ふる（え）　*shaking, trembling*
*しん

It is raining 雨 so hard that she has to **shake** her hair dry and pin it back with a clip.

 寒

丶　宀　宀
宁　安　宭
寍　寒　寒
12

さむ（い）　*cold*
*かん

It is so **cold** that from inside the house, you push up the shutters to see snow on the mountains.

 達

十　土　キ
寺　査　幸
幸　達　達
12

たっ（する）　*to reach, attain*
たち
だち
*たつ　*plural ending*

The earth 土 is piled up over a sheep 羊 who is afraid that the giant caterpillar will be able to **reach** him.

 徒

ク　彳　彳
彳　徉　徉
徉　徒　徒
10

*と　*companion*

Two people standing in line about to run 走 together. They are jogging **companions**.

Compounds Can you guess the meanings?

組合	くみあい	病気	びょうき	地震	じしん	生徒	せいと
世界	せかい	病院	びょういん	寒中	かんちゅう	世紀	せいき
都合	つごう	病人	びょうにん	友達	ともだち	震度	しんど

世界の資金フローの動向
し　きん　　　　　　　どうこう

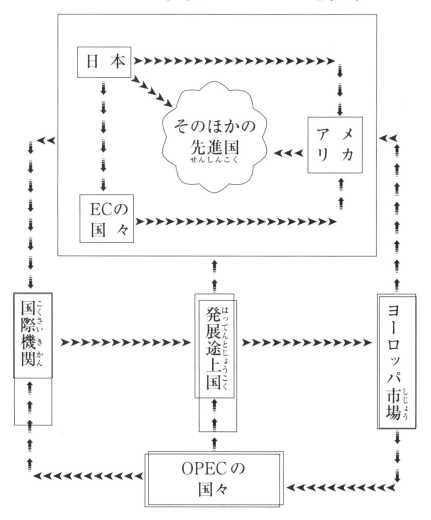

★ **21世紀の世界経済の動向は？**　　　皆で話し合おう！
　　せい　き　　　　けいざい

　　★ グローバリズムとナショナリズムで考え方がちがう？
　　★ 世界の国々が力を合わせたら？

分かりましたか

Find the following words: world organisation; developing countries; developed
countries; movement; market; capital; economy

Vocabulary

あ	あんぜん（な）	*safe, secure*
	いど（井戸）	*a well*
	うしなう ㋒	*to lose, be deprived of*
	えんじょ（援助）	*help, assistance*
	おおぜい	*large numbers, crowd*
	おく（送）る ㋒	*to lead one's life, spend*
か	かくほする	*to secure, ensure*
	かつどう（活動）	*movement, activity, operation*
	きふ（する）	*donation, to donate, contribute*
	くるしむ ㋒	*to suffer, be afflicted, distressed*
	こうずい（洪水）	*flood*
さ	じしん（地震）	*earthquake*
	じっさい（に）	*practice, actually, in practice*
	せいけつ（な）	*clean*
	せんしんこく（先進国）	*advanced countries*
	せんそう（戦争）	*war*
	ぜんたい（全体）	*whole, entire*
た	たいじゅう（体重）	*body weight*
	だんじき（する）	*a fast, to fast*
	ちから（力）をあわせる（合わせる）㋓	*to combine efforts, to pull together*
	ちきゅう（地球）	*the globe*
	つらい	*hard (to bear), painful*
	てぶくろ	*gloves*
	とじょう（途上）	*on the way to, on the road*
	〜にとって	*for 〜*
な	ながれる ㋓	*to be broadcast, to flow*
は	はなしあう（話し合う）㋒	*to discuss together*
	はってん（発展）	*development, growth*
	ひがい（被害）	*damage*
	ひろ（広）がる ㋒	*to spread, widen, extend*
	ふるぎ（古着）	*old clothes*
	ぶんかさい	*cultural festival*
	ぼきん（募金）	*fundraising*
	ほる ㋒	*to dig*
ま	まみず（真水）	*fresh water*
	みじか（な）	*near oneself, personal experience*
	もとめる ㋓	*to request, call for*
や	やくにたつ ㋒	*to be useful*
	やせる ㋓	*to become thin, slim, gaunt*
	よろこぶ ㋒	*to be delighted*
ら	りゅうこう（流行）	*a fashion, a craze*
わ	わかもの（若者）	*young people, youth*

UNIT 2

ボランティアは楽しい

It's fun to be a volunteer

The Japanese equivalent of the Peace Corps is called 青年協力隊(せいねんきょうりょくたい).
The Australian equivalent is called Australian Volunteers Abroad. Four young volunteers from
Australia and Japan were interviewed on Japanese TV about their experiences. A written form
of the interview follows. Read the interview and discuss the value or otherwise of spending some
time as a volunteer.

ボランティアかんがえて
いるより行動しよう！

司会　こんにちは、みなさん。今日のお客様を紹介しましょう。ジャッキー・コールマンさんとルーク・チャペルさんです。ジャッキーさんは、バングラデッシュで、ルークさんは、インドで、ボランティア活動をしてきました。日本からは、海外青年協力隊のボランティア活動をしてきた まきはらようすけさんと、たなべみえこさんです。みなさんは、そこの人々と同じきゅうりょうをもらい、そこの人々といっしょに くらしていたそうです。きっと、おもしろいお話しが聞けると思います。まず、まきはらさんは、スリランカでしたね。どうでしたか。

まきはら　ぼくは イスラム教の家族と住んでいました。家族は9人で、食事の時、みんなで ごちそうをかこんで、ゆかに すわりました。はしやフォークを使わないで、右手だけで食べないといけません。これがむずかしくて…

ジャッキー　手で食べるなんて、かんたんに見えますが、むずかしいんですか。

まきはら　ええ、洋服をよごしたり、ゆかをよごしたり…

ジャッキー　インドやバングラデッシュの食べ物はどうでしたか。

ルーク　インドはカレーが多かったですね。バングラデッシュもそうです。

ジャッキー　やっぱり そうですか。ぼくも毎日、カ

まきはら　毎日 カレーライスで…。もう カレーライスは 見たくないです。

たなべ　私はカレーより デュパタで困りました。

ルーク　デュパタって 何ですか。

たなべ　パキスタンの女の人がしているスカーフのようなものです。暑いときにも やくにたつのですが…、これをうまく、きれいにするのはとてもむずかしいのです。スープの中におちたり、トイレにおちたり、人にふまれたり…。
ジャッキーさんは、バングラデッシュでサリーを着ていたんですか。

ジャッキー　いいえ、私は パンツスーツのようなものを着ていました。でも、私も 初めの一週間は、とても ショックでした。バングラデッシュはオーストラリアと 何もかも ちがいました。食べ物、におい、人の顔、ことば、けしき…ぜんぶです。でも半年ぐらいたつと、なれてきて、仕事も 生活も 楽しいとかんじはじめました。

ルーク　インドでは、何も時間どおりに行きません。たとえば、電車が 十時に来るはずなのに、十一時になっても、十二時になっても、来ないのです。いつまでも、待つのです。インドへ、行く前に 父が、せっかく、うで時計をプレゼントしてくれたのに、あまりやくに たちません でした。
でも、だれも 気にしません。

司会　この番組を見ている人の中にも、ボランティアになることを考えている人がいると思いますが、アドバイスをおねがいします。

ジャッキー　ぜひ やって下さい。後悔はしませんよ。

ルーク　考えているより 行動する方がかんたんですよ。

たなべ　あなたの世界が大きく広がりますよ。

まきはら　ボランティアの仕事は、一つやり終わった時、また 何か やりはじめたいと思うでしょう。

司会　今日は おもしろいお話しを、ありがとうございました。

43 In spite of the fact that ~, even though ~

verb plain form (all tenses)	
い adjective plain form (all tenses)	**+ のに**
な adjective or noun plain present だ な plain past だった	

Examples:

ベンさんは、あした、テストがあるのに、まだ勉強をしていません。

Ben hasn't done any studying yet, in spite of the fact that there is a test tomorrow.

いっしょうけんめい働いたのに、お金がたまりません。

In spite of the fact that I have worked hard, I haven't saved any money.

カレンさんはあたまがいいのに、もう勉強したくないそうです。

Although Karen is clever, they say she doesn't want to study any more.

ピーターさんは カラオケがへたなのに、大好きです。

Although Peter is not good at Karaoke, he loves it.

田中さんは、日本人なのに、魚がきらいです。

Although Mr Tanaka is Japanese, he doesn't like fish.

青木さんは、医者だったのに、たばこをすっていました。

Although Mr Aoki was a doctor, he smoked cigarettes.

イディオム

のに is often used in combination with せっかく (with much trouble) to express frustration/disappointment.

Examples:

せっかくりょうりを作ったのに、だれも食べませんでした。

In spite of taking so much trouble to make the food, nobody ate any.

せっかく店に行ったのに、しまっていました。

Although I took the trouble to go to the shops, they were closed.

れんしゅう

Write suitable endings to the following sentences.

Example: せっかくへやをそうじしたのに妹の友達によごされました。

1 せっかくおいしいケーキを作ったのに、
2 せっかく母にセーターを買ってあげたのに、
3 きのう、せっかく勉強したのに、
4 せっかく先生に会いに行ったのに、
5 せっかく車を洗ったのに、
6 山田さんは前、私の友達だったのに、
7 こんなに暑いのに、

44 Begin to do something

verb ます	+ はじめる

Examples:
去年、中国語をべんきょうしはじめました。
I began to study Chinese last year.
仕事も生活も楽しいとかんじはじめました。
I began to feel that both work and life were enjoyable.

れんしゅう

Write down five things that you or a member of your family began to do last year or the year before.

45 Finish doing something

verb ます	+ おわる

Examples:
この本は、夜おそく読みおわったんです。
I finished reading this book late last night.
この仕事をしおわったら、うちに帰ってもいいですか。
Can I go home when I finish this work?
この仕事をやりおわった時、また何かやりはじめたいと思うでしょう
When you have finished doing this work, I am sure you would want to begin doing something again.

れんしゅう

Write down what you will do when you finish doing the following:
Example: collecting money お金をあつめおわったらアフリカに送ります。

1 Learning to drive
2 Doing part-time work
3 Fasting
4 Studying for the exam
5 Putting the old clothes neatly into a box

Reading and writing Kanji

Kanji	Stroke order	Reading	Meaning	A way to remember
平	一 ニ ア 示 平 (3)	たいら ひら （たい） *へい *びょう	evenness even, level	Keep this kite flying **level** in the sky.
力	⁊ 力 (5)	ちから *りょく *りき	strength	A bent arm showing the muscle and the **strength** of the owner.
助	丨 冂 月 月 且 助 (6)	たす（かる） たす（ける） *じょ	to be aided to aid, rescue	You can just see an eye 目 above the water. Someone uses their strength 力 to **rescue** him.
協	一 十 忄 忇 协 协 協 (7)	*きょう	be in harmony	10 十 working in **harmony** pool their strength 力.
住	ノ イ 仁 仁 住 住 住 (14)	す（む） *じゅう	to live dwelling	A person 人, is a small king 王 inside the dwelling where he **lives**.
妹	〈 乆 女 女 妵 妹 妹 妹 (10)	いもうと *まい	younger sister	A woman 女 stands for feminine. A tree with an extra branch, for the new **younger** member of the family tree.
姉	〈 乆 女 女 妒 姉 姉 (7)	あね （お）ねえ（さん） *し	elder sister	The **older sister** 女 is responsible for going to the market 市 in the city.
計	丶 亠 亖 言 言 言 計 (5)	はか（る） *けい	to measure	Open your mouth to say 言 numbers in tens 十 when you **measure** something.

Compounds   Can you guess the meanings?

平和	へいわ	動力	どうりょく	住所	じゅうしょ	姉妹	しまい
平気	へいき	助力	じょりょく	衣食住	いしょくじゅう	時計	とけい
太平洋	たいへいよう	協力	きょうりょく	計算機	けいさんき	合計	ごうけい

ネパールの小さな村で

ドクター・イワムラの18年間

医者がいない

一九九三年、いわむらさんは、マグサイサイ賞を受賞した。（マグサイサイ賞はアジアのノーベル賞のようなものです。）

「私とつまは　結婚したときにきめたんですよ。世界のはてへ行って、そこの人々のやくに立つことができるかやってみよう。」

一九六二年に　医者のいわむらのぼるさん夫妻は、ネパールへでかけた。

そして、タンセンという県で、医者として、働きはじめた。タンセンには、医者もいない、病院もない村が多かった。

しかし、いわむらさん自身、被爆者だ。タンセンで働きながら、原爆症とたたかっていた。ついに、一九八九年、仕事を続けることができなくなって、日本へ帰ってきた。

「ネパールの人々とわかれるのはとてもつらかったです。みんな、家族のようにくらしていましたから。」

と、奥さんは言う。

「一八年間のネパール生活で、私達は、大切なことを学びました。生きるということは、困っている人を助けるということです。これは　ネパールの人々の生き方なんです。」

分かりましたか

1　Why was Dr Iwamura awarded the Magsaysay Prize?
2　What forced him to give up his work?
3　What does he say is the most important thing in life?

イディオム

Noun として is a useful expression. It means 'as a', 'in the capacity of'.
Examples:
医者として働きました。He worked as a doctor.
このはこは、いすとして使っています。I am using this box as a seat.

聞きましょう

Tomoko Hirata has called on Dr. Iwamura, on behalf of her school newspaper.
1　How does he feel today?
2　Why did he go to live in Nepal?
3　How does the doctor regard his life's work?

ネパール
たきぎをはこんでいる女性達。
(firewood)　　　　じょせい

安子さん、お元気ですか。

　今、青年海外協力隊の、隊員になって、トンガのババウ島に来ています。トンガ王国は、南太平洋にあって、小さな島々からなっています。ババウ島は、その中の一つで、ここに私が教えている公立高校があります。この高校は、日本からの、えん助で、たてられ、学生がやく800人、教しが40人います。朝、8時30分に始まり、まず、先生達のミーティングがあり、9時から3時までが、じゅぎょう時間です。

　私は、小さい時から、隊員になって、世界の国々へ行き、世界の平和のために、働きたい、はってんとじょう国の人達のために、何かしたいと思っていたのです。

　トンガに着いて、まず、うれしかったのは、大きな紙に"トンガへ ようこそ! 西田先生!"と書いてあったことです。この紙は、学校のまどに、はってありました!

　トンガの人達は、大人も子どもも、とても、したしみやすくて、私が、こまった時や、どうしたらいいのか、分からない時など、すぐに、助けてくれるのです。

　日本語を教えはじめて、大切なことに気がつきました。それは、人は、みんな、一人一人ちがっているということです。みんな、それぞれとてもいいところがあるんですね。最近は、とくに、子ども達に、あいじょうをかんじはじめました。来年、この人達とわかれなければならないと思うと、今から、かなしいです。

　今、この手紙を書きおわって、時計を見たら、もう11時です。今日は、これで、ペンをおきます。では、お元気で。さようなら。

6月18日

西田美知子

分かりましたか

Imagine that you are the editor of the school magazine. You like to include articles about past students. Yasuko gave you this letter from Michiko. Use it to write an interesting article about her.

Vocabulary

あ	あいじょう	*love, affection*
	いきかた(生き方)	*way of life*
	イスラム教	*Islamic faith*
	うでどけい(時計)	*wrist watch*
	おうこく(王国)	*kingdom*
	おちる Ⓡ	*to fall down*
か	かいがい(海外)	*overseas, foreign*
	かてい(家庭)	*household*
	かんじる Ⓡ	*to feel*
	きめる Ⓡ	*to fix on, decide on*
	きゅうりょう	*salary, pay*
	きょうりょく(協力)(する)	*cooperation, to cooperate*
	くらす Ⓤ	*to live, make a living*
	げんばくしょう(原爆症)	*radiation sickness*
	こうかい(後悔)(する)	*regret, to regret*
	こうどう(行動)(する)	*action, to take action*
	こうりつ(公立)	*public (funded)*
さ	じかんどおり(時間通り)	*to be in time*
	じしん(自身)	*self, him/herself*
	したしみ	*familiarity, friendly feeling*
	じゅしょう(受賞) する	*to receive an award*
	しょう(賞)	*prize*
	しょうかい(紹介)(する)	*introduction, to introduce*
	せいねん(青年)	*a youth*
	せっかく	*at great pains, take the trouble to*
	ぜひ	*by all means, without fail*
た	たい(隊)	*a party, corps, unit*
	たいいん(隊員)	*member of a corps*
	たいへいよう(太平洋)	*Pacific Ocean*
	たたかう Ⓤ	*to fight against*
	ついに	*finally, in the end*
	つづける Ⓡ	*to continue*
	つま	*wife*
な	なに(何)もかも	*everything, any and every*
	なれてくる	*to become accustomed*
	におい	*smell*
は	はて	*ends, extremity*
	ひばくしゃ(被爆者)	*atomic bomb victim*
	ふさい	*husband and wife, Mr and Mrs*
ま	まなぶ(学ぶ) Ⓤ	*to learn*
	むら	*village*
や	ゆか	*floor*
わ	(と) わかれる Ⓡ	*to part from*

日本でくらしたい？
You want to live in Japan?

20年間に500人の留学生をささえた
金沢のオカアサン・まつばらさん
かなざわ

分かりましたか

How many reasons can you find to explain why Mrs Matsubara is known as Kanazawa Okaasan?

46 About to do something

verb dictionary form	＋　ところ	です／だ

Examples:

ギャリーさんはしゅくだいをするところです。
Gary is about to do his homework.

みんな、コーヒーを飲むところですから、どうぞ...
Everyone is about to drink some coffee, so please . . .

Note the differences in the use of ところ.

りんごを食べるところです、　　りんごを食べているところです、　りんごを食べたところです、

れんしゅう

You are just about to do the following when someone calls. Explain what you are about to do and ask them to join you.

Example:

つめたい飲み物を飲むところです、どうぞ...

イディオム

The use of 元(もと) with 留学生(りゅうがくせい) means 'ex' or 'former'. You can also say:

元小学校きょうし。A former primary school teacher.
元けいさつかん、A former police officer.
元かんごふ、A former nurse.

47 Time while, within which something happens

verb plain present い adj. present な adj. な noun の	+ うちに

Examples:

ベンさんは日本にいる<u>うちに</u>、日本語がじょうずになりました。

While Ben was in Japan, his Japanese became very good.

木の下にすわっている<u>うちに</u>、雨がふりはじめました。

While I was sitting under the tree, it began to rain.

わかい<u>うちに</u>旅行したいです。

I want to travel while I am young.

休みの<u>うちに</u>、本をたくさん読むつもりです。

I plan to read lots of books in the vacation.

元気な<u>うちに</u>、いっしょうけんめい働くつもりです。

I intend to work hard while I am well.

Note: うちに is used when something occurs <u>within</u> a vague period of time. Compare it to あいだ, which is used when something occurs <u>during</u> a measurable period of time.

In some sentences either うちに or あいだに can be used. For example:

お母さんが電話で話している<u>あいだに／うちに</u>、お父さんはねてしまいました。

While Mum was talking on the phone, Dad was sleeping.

When うちに follows a **negative** verb, it is the equivalent of 'before'. For example:

雨がふらない<u>うちに</u>帰ったほうがいいです。

We had better go back before it rains. (while it is not raining)

わすれない<u>うちに</u>ノートに書いて下さい。

Write it down in your notebook before you forget.

(あいだ can never be used in this kind of sentence.)

れんしゅう

Choose a suitable ending for the sentences in list A from list B and combine using うちに.

A
1 シーディーを聞いています。
2 くらくならないです。
3 あの車が安いです。
4 学生です。
5 まだ働けます。

B
a 運転免許をとりたいです。
b お金をたくさんためるつもりです。
c ドンさんはうたいはじめました。
d 春子さんは買うつもりです。
e 早く、みえさんの家に行きましょう。

48 Making or letting someone do something

A は	B に	object を	verb causative

Examples:

母はケンちゃんにやさいを食べさせました。
Mum made Ken eat the vegetables.
父は弟にへやをそうじさせました。
Dad made my brother clean up the room.
青木さんはいつも子供達に好きなビデオを見させて
います。
Mr Aoki is always letting his children watch their favourite videos.

The causative can only be used when the person being coerced is junior to the speaker. When the person is equal or senior use 〜てもらう or 〜ていただく.

How to form the causative

う verbs
かく か ＋ せる

る verbs
たべる ＋ させる

Examples

あらう → あらわせる
きく　 → きかせる
はなす → はなさせる
よむ　 → よませる

おしえる → おしえさせる
みる　　 → みさせる

Irregular verbs
くる → こさせる
する → させる

Note:

- If the verb is intransitive, person B is more commonly followed by particle を.
  Example: 父は妹を大学に行かせました。
  　　　　　Dad made/let my sister go to university.
- If the verb is transitive, person B must be followed by に.
  Example: 父は妹にピアノをならわせました。
  　　　　　Dad made/let my sister learn to play the piano.
- We can only tell if the meaning is 'made' or 'allowed' from the context.

れんしゅう

Jack is complaining about what he is made to do by his landlord. Complete his complaints w
a causative form of the verb supplied.

まず、ぼくに れいきん２万円を（はらう）＿＿＿＿＿＿＿。それから、住ん
いる人に、毎日アパートのかいだんをぜんぶ（そうじする）＿＿＿＿＿＿＿
ぼくの友達が来る時は、友達に名前を（言う）＿＿＿＿＿＿＿。毎週月曜日は
くにかれのごみばこを外に（持っていく）。＿＿＿＿＿＿＿。その上、か
の頭がわるい子供に英語を（教える）＿＿＿＿＿＿＿。

Reading and writing Kanji

Kanji	Stroke order	Reading	Meaning	A way to remember
交	、 一 亠 六 亢 交　6	まじ（る） まじ（わる） *こう	to be mixed, to associate with	Father wearing a top hat is **associating** with others at a wedding.
信	ノ イ 亻 仁 信 信 信 信 信　9	しん（じる） *しん	to believe, trust	A person 人 says 言 'trust me', and I **believe** him.
皆	一 ヒ 比 比 比 比 皆 皆 皆　9	みな（さん） みんな *かい	everyone, all, everything	Up 上＋ katakana ヒ over white 白. He holds up a white shirt for **all** to see.
忙	、 小 小 忙 忙 忙　8	いそが（しい） *ぼう	busy	A squashed up heart on the left 心, the best man in top hat on the right. He has been so **busy** he forgot the ring.
当	丿 丬 小 ヨ 当 当　6	あ（たる） *とう	to hit, to be equal	Darts are **hitting** a tub of yoghurt. You can see the yo ヨ, that's true.
英	一 十 サ サ 茾 苀 英 英　8	*えい	England, excellent	A person standing with outstretched arms looking big 大, with a box on her shoulders and flowers in her hair. Mother **England**.
銀	𠂉 𠂤 金 金 釘 鈩 釦 鈤 銀　14	*ぎん	silver	金, metal from a mine ＋ the sun 日 shining like **silver**.
豪	、 亠 高 亯 亭 亭 亳 亳 豪　14	*ごう	Australia, pre-eminent, strong, vigorous	A lot of people under the roof 家 high 高 on the castle wall. It is certainly unusual in **Australia**.

Compounds Can you guess the meanings?

外交	がいこう	見当	けんとう	英語	えいご
信号	しんごう	本当	ほんとう	銀行	ぎんこう
信用	しんよう	日英	にちえい	日豪	にちごう

前田：　　　今日は、ワーキングホリデーで、日本に来ていらっしゃる若い外国人の方々、
　　　　　　四人に、おあつまりいただきました。いろいろな国の若者達の日本での、
　　　　　　けいけんを聞くのは、たいへんおもしろいことだと思います。
　　　　　　では、さっそく、皆さんの、じこしょうかいから、おねがいしましょう。

ジェニー：　ジェニー・マッカイともうします。オーストラリアから来ました。
　　　　　　一年間、日本にいるんですが、来週、パースに帰ります。

ボブ：　　　ボブ・リーです。アメリカから来ました。二年ぐらい、日本で働いています。
　　　　　　もう、すっかり、日本の生活になれたし、もっと、日本にいたいんですが、
　　　　　　来月、カリフォルニアに帰らなければなりません。でも、近いしょうらい、
　　　　　　また日本へ来て、働くつもりです。

アリス：　　アリス・マーチンといいます。ニュージーランドから来ました。六ヵ月ぐらい、
　　　　　　日本で働いていますが、さ来週、オークランドに帰るよていです。ざんねんで
　　　　　　たまらないんですが...。でも、またいつか、日本に来たいと思っています。

前田：　　　皆さん、日本がとても、気に入ったようですね。では、まず、ジェニーさんに
　　　　　　うかがいますが...、ジェニーさんは、日本に来る前に、日本人の友達が
　　　　　　いたんですか？

ジェニー：　はい、いました。高校で日本語を勉強している間、ずっと文通していた
　　　　　　ペンパルが二人いたんです。一人は東京にすんでいて、もう一人は、北海道の
　　　　　　札幌にすんでいます。

前田：　　　じゃあ、そのペンパルが日本での仕事を、見つけてくれたんですか？

ジェニー：　いいえ。でも、日本に着いて、最初の三週間、東京のペンパルのうちに、
　　　　　　泊めてもらって、お世話になったんです。

前田：　　　へぇぇ、そうですか。それは、よかったですね。それで、仕事は、すぐに、
　　　　　　見つかりましたか？

ジェニー：　毎日、ジャパンタイムスなどの英語の新聞の、ぼしゅうきじに、目を通して、
　　　　　　あちこちに、おうぼしました。それで、英語のきょうしの仕事を見つけたんで
　　　　　　す。日本に着いて、三週間目に、仕事が見つかったんですから、私は、本当に
　　　　　　ラッキーだったと思います。

前田：　　　本当ですねぇ。それで、ワーキングホリデーのビザを持っていらっしゃるん
　　　　　　ですか？

ジェニー：　ええ、六ヵ月のビザだったんですが、ビザが切れる前に、こうしんしたんです。

ボブ: ジェニーさんは、ラッキーですね。ぼくは、英語のきょうしになるために、ほしょう人になってくれる学校を、さがさなければならなかったんです。さいわい、日本には、英語をならいたい人が、たくさんいますからね。一ヵ月ぐらいで、ほしょう人になってくれる英語学校が、見つかったんです。

前田: ボブさんは、アメリカで、英語の先生だったんですか？

ボブ: いいえ、ぼくは、大学でけんちくを勉強して、けんちくかのしかくを持っています。でも、日本へ来る前は、日本語が話せませんでしたし、それに、けんちくかとして、ほしょう人を見つけることは、たいへんでしたからね。

前田: それでは、二年間、ずっと英語を教えているんですか。

ボブ: いいえ。半年ぐらい前に、けんちく会社で、仕事が見つかったんです！

前田: ほう、それは、よかったですね！ ボブさんは、今、日本語がとても上手だし、けんちくかとしてのキャリア、がんばってください。

ボブ: ありがとうございます。ちょっと、かぞくのつごうで、アメリカに帰らなければならないんですが、また、すぐ、日本へもどってきたいと思っています。

前田: ところで、アリスさんは、どうやって、日本へ来ることができたんですか。

アリス: 私もラッキーだったんです。私は、大学で、かがくをせんこうしたんですが、日本語も勉強しました。それで、大学で、日本人のりゅう学生の友達が、二、三人できたんです。その中の一人が、ある日本の会社で、仕事を見つけてくれたんです。それで、ワーキングホリデーのビザをとって、日本に来ました。

前田: ほほう、どんな仕事ですか。

アリス: あのう、いろいろあるんですが、たとえば、外国に送られるマニュアルの英語をなおしたり、パンフレットを英語にほんやくしたりするんです。

前田：　　それはよかったですね。ところで、皆さん、日本では、ホームステイですか、
　　　　　それとも、アパートですか。

ジェニー：私は、東京のペンパルが、ちょうどいいアパートをさがしてくれて、助かりま
　　　　　した。学校から、電車で45分ぐらいのところにあって、べんりだし、
　　　　　そんなに高くないし、気に入ったんです。

ボブ：　　ぼくは、最初、安アパートだったんですが、けんちくの仕事が見つかってから
　　　　　マンションに、ひっこしました。そんなに、いいマンションじゃないですけど。

アリス：　私は、六ヵ月ずっとホームステイです。とてもいい人達で、もう、自分のかぞ
　　　　　くのようですよ。

前田：　　それでは、皆さん、今日は、ありがとうございました。

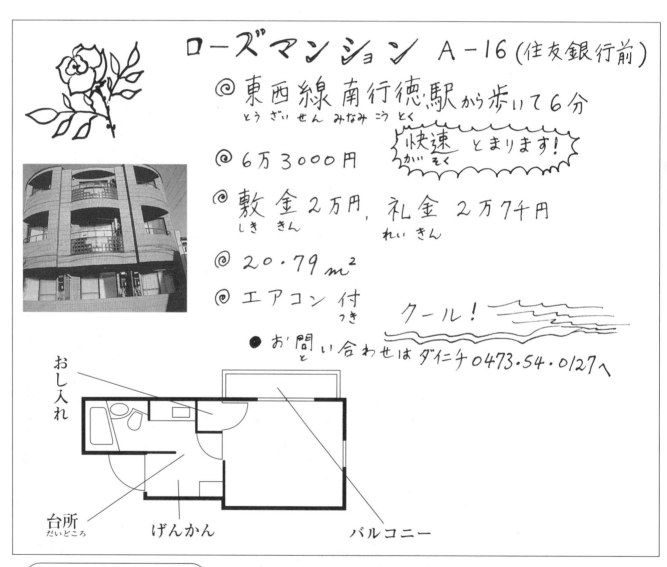

ローズマンション　A－16（住友銀行前）
◎ 東西線南行徳駅から歩いて6分
　　とう ざい せん みなみ こう とく
　　　　　　　快速 とまります！
　　　　　　　かい そく
◎ 6万3000円
◎ 敷金2万円, 礼金 2万7千円
　　しき きん　　　　れい きん
◎ 20.79 m²
◎ エアコン 付
　　　　　 つき　　クール！
● お問い合わせは ダイニチ0473・54・0127へ
　　　 と

おし入れ
台所
だいどころ　　げんかん　　　バルコニー

分かりましたか

Your friend is planning to go to Japan for a working holiday. Use the information provided by Jenny, Bob and Alice in the forum to write out some advice about visas, job opportunities and accommodation. Describe a typical flat and the costs involved.

拝啓
　　　日豪協会の皆様、お元気ですか。ぼくも、忙しい毎日ですが、元気に、仕事と勉強にがんばっています。協会がスポンサーの交かんりゅう学プログラムのおかげで、日本人とオーストラリア人のわかい人達が、それぞれの国で、きちょうな、けいけんをしています。ぼくも、その中の一人です。
　　　ぼく達は、英語と日本語のバイリンガルになれるように、いっしょうけんめい勉強しています。そして、しょうらいは、日本とオーストラリアの間に、グッドウィルのはしをかけるために、やくにたちたいと思います。
　　　日本で生活して、日本人と、毎日、日本語で話すことほど、いい日本語の勉強はないと思います。今日も、日本人の友達が、おもしろいイディオムを教えてくれたところです。"山田さんは、顔が広い"とだれかが言ったんですが、ぼくは、"いや、山田さんの顔は広くないよ。"と言ったら、友達は、わらって、"山田さんは、知っている人が多いということだよ！"と教えてくれました。
　　　ホストファミリーは、みんないい人で、妹は、本当の妹のように、何でも、ぼくに話してくれます。
　　　人と人は信じ合い、助け合わなければなりません。ぼくは、去年、広島へ行って、平和公園を、おとずれましたが、その時に見たしゃしんが、今もわすれられません。この世には、げんばくほど、おそろしいものはないということが、よく、わかりました。げんばくは、ぜったいに、皆が、はんたいするべきだと思います。
　　　それでは、協会の皆様、本当に、ありがとうございました。
　　　　　　　　　　　敬具
　　　　　　　　　　11月12日
　　　　　　　　　　テッド・ブラウン

分かりましたか

What are the main points that Ted Brown makes in his letter of thanks to the Japan Australia Association? From the context and explanation given, guess the meaning of 顔.

聞きましょう

Listen to Denise Cooper's speech of thanks to the people attending her 'welcome' party.

1　Where does Denise come from?
2　How did she meet Mr Hayashi?
3　How did she become interested in Japan?
4　Why did she decide to come to Japan?
5　What does she promise to do?

そうべつ会のスピーチ

　皆様、今日は、お忙しいところ、私のそうべつ会に、来てくださって、本当にありがとうございます。

　私が日本に来たのは、ついこの間のようですが、ちょうど 一年前になります。この一年間は、つらかったこと、かなしかったこと、くやしかったこと、そして、楽しかったことが、山のようにありました。その中でも、一番 うれしかったのは、皆さんに、かぞくのように、うけ入れてもらったことです。皆さんは、何もわからないオーストラリア人の私を、親切に、教え、助けてくださいました。本当に かんしゃしています。

　最初の一ヵ月くらいは、毎日、しっぱいをしていました。日本での仕事は、思っていたよりも、ずっと、むずかしかったんです。本当のことを言うと、時には、いやになった時もありました。でも、今から考えると、いやなことも、いいけいけんになったのだと思います。それに、私の日本語も、自分で言うのは、ちょっと、おかしいんですが、かなり上達したと思います。早く オーストラリアへ帰って、友達やかぞくを びっくりさせたいと思います。

　私は、来月から、アデレードの大学で、日本語を勉強するつもりです。そして、日本でのけいけんを生かして、しょうらいは、外交かんけいの仕事をしたいと思っています。そのために、これからも、しっかり、がんばります！！

　それでは、みなさん、いろいろ、本当に、ありがとうございました。

分かりましたか

1　How long has the speech writer been in Japan?
2　What has been his happiest experience?
3　How did he feel when he first started work in Japan?
4　What will his friends be surprised about when he returns to Australia?
5　What are his plans for the future?

Vocabulary

あ	い（生）かす　⬤う	*to revive, to bring to life*
	うけいれる（受け入れる）　⬤る	*to accept, receive*
	おそろしい	*terrible, fearful*
	おうぼ（する）	*to apply*
か	かいかん（会館）	*meeting hall*
	がいこう（外交）	*diplomacy, diplomatic relations*
	かんけい	*relation, relationship*
	きちょう（な）	*priceless, precious*
	き（切）れる　⬤る	*to expire, sever*
	くやしい	*vexatious, mortifying, regrettable*
	けいけん	*experience*
	こうかん（する）	*exchange, to exchange*
	こうしん（する）	*renewal, to renew*
	このあいだ	*recently*
さ	さいわい	*fortunately*
	ささえる　⬤る	*to support, maintain*
	さっそく	*immediately, at once*
	しかく	*qualification*
	しききん（敷金）	*a deposit*
	じょうたつ（上達）	*progress, improvement*
	すがた	*figure form, shape*
	すっかり	*all, completely*
	ずっと	*all the time*
	すべて	*entirely, wholly*
	そうべつかい	*farewell party*
た	だけではなく	*not only but also*
	たとえば	*for example*
	つい	*just*
	といあわせる（問い合わせる）　⬤る	*to enquire, make enquiries*
な	なれる　⬤る	*to become accustomed to, used to*
は	ほしょうにん（人）	*a sponsor*
	ぼこくご（母国語）	*mother tongue, native language*
	ぼしゅうきじ	*job vacancy description*
	ほんやく（する）	*translation, to translate*
	ぶんつう（文通）（する）	*correspondence, to correspond*
ま	まねく　⬤う	*to invite, beckon*
	もどる　⬤う	*to return*
ら	れいきん（礼金）	*a fee, key money*

る verbs and う verbs

う verbs are called *godan* verbs in Japanese because the stem has **five** different inflections which correspond to the five syllable bands on the Hiragana chart. る verbs are called *ichidan* verbs because there is only **one** stem. The first three inflections of the う verbs were dealt with in *Mirai Stage 5*. The final two inflections follow. See pages 160−161 for a summary of all verb forms.

Band 4 The conditional and potential forms

The syllable before *ba* meaning *if* (one of the **conditional** forms) corresponds to the fourth syllable band on the Hiragana chart. *Ba* is often used instead of *tara* in writing, and also in special spoken situations such as どう行けばいいですか。The **potential**, the equivalent of 'can do', is also formed by adding る or the ます form endings to the appropriate え syllable.

Verb stem plus

Band 1	ら	ま	ば	な	た	さ	が	か	あ／わ	plus ない etc
Band 2	り	み	び	に	ち	し	ぎ	き	い	plus ます
Band 3	る	む	ぶ	ぬ	つ	す	ぐ	く	う	dictionary
Band 4	れ	め	べ	ね	て	せ	げ	け	え	plus ば or る
Band 5	ろ	も	ぼ	の	と	そ	ご	こ	お	

Here is a list of example う verbs in their potential form.

verb	か	あ					は	お	
stem	え	よ	そ	し	た	な	よ	か	か
	れ	め	べ	ね	て	せ	げ	け	え
	る	る	る	る	る	る	る	る	る

If you know the *masu* form, making the potential or conditional *ba* form is easy.
Take off the *masu* and change the い syllable to an え syllable and add る or ば.

Example:
あらいます　あらい　→　あらえ　＋　る　potential, あらえ　＋　ば conditional.
かきます　　かき　→　かけ　＋　る　potential, かけ　＋　ば conditional.

If you know the dictionary form, making the potential or conditional *ba* form is easy.
Take off the last syllable, change it to the appropriate え syllable and add る or ば.

Example:
のる　　のれ　→　のれ　＋　る　(potential) or のれ　＋　ば (conditional)
およぐ　およげ　→　およげ　＋　る　(potential) or およげ　＋　ば (conditional)

れんしゅう

Change these verbs to their potential form.

ぬぎます　　てつだいます　　はきます　　つきます　　うたいます

Change these verbs to their conditional form.

わらいます　だします　　　　やすみます　わかります　とります

Band 5 The volitional band

The **volitional** form is used to make the plain form of 〜ましょう and is also used to express wishes, such as 日本へ行こうとおもいます. The syllable that is used to form the volitional corresponds to the fifth syllable band on the Hiragana chart.

Verb stem plus

Band 1	ら	ま	ば	な	た	さ	が	か	あ／わ	plus ない etc
Band 2	り	み	び	に	ち	し	ぎ	き	い	plus ます
Band 3	る	む	ぶ	ぬ	つ	す	ぐ	く	う	dictionary
Band 4	れ	め	べ	ね	て	せ	げ	け	え	plus ば (if)
Band 5	ろ	も	ぼ	の	と	そ	ご	こ	お	plus う (want to)

Here is a list of example う verbs in their volitional form.

verb	か	あ		は	お				
stem	え	よ	そ	し	た	な	よ	か	か
	ろ	も	ほ	の	と	そ	ご	こ	お
	う	う	う	う	う	う	う	う	う

To change a verb from the dictionary form to the volitional form, change the う sound at the end of the verb to the corresponding お sound and add う.

Example:
1 やすむ　　やすも ＋ う　→　やすもう
2 かえる　　かえろ ＋ う　→　かえろう

To change a verb in the *masu* form to the volitional form, remove ます. Change the い sound to an お sound plus う

Example
1 すわります　すわろ ＋ う → すわろう
2 あるきます　あるこ ＋ う → あるこう

れんしゅう

Change the following verbs to the volitional form.

だす　　もつ　ぬぐ　　はく　　つく　　けす　　いう　　うたう　かう

のむ　　あそぶ　はいる　きる(cut)とぶ　　しぬ　　かざる　　きく　　まつ

Summary of verb forms

る verbs (ます form)	ない form	Plain present/future Dictionary form	Potential form
たべ・ます おしえ・ます み・ます	たべ・ない おしえ・ない み・ない	たべ・る おしえ・る み・る	たべ・られる おしえ・られる み・られる
う verbs (ます form)	ない form	Dictionary form	Potential form
かい・ます かき・ます だし・ます まち・ます しに・ます あそび・ます よみ・ます のり・ます	かわ・ない かか・ない ださ・ない また・ない しな・ない あそば・ない よま・ない のら・ない	かう かく だす まつ しぬ あそぶ よむ のる	かえ・る かけ・る だせ・る まて・る しね・る あそべ・る よめ・る のれ・る
Irregular verbs (ます)	ない form	Dictionary form	Potential form
し・ます き・ます	しない こない	する くる	できる こ・られる／ こ・れる

Variations introduced in *Mirai Stages 5 and 6**			
たべ・やすい ・にくい ・すぎる ・はじめる* ・おわる* ・ながら*	たべ・ない ・なかった ・ないで ・なくてもいい ・なくてはいけない ・なければならない ・ないほうがいい ・ないように* ・ないひと* ・ないうちに* ・ないなら*	たべる・じかん ・とき ・べき ・ことにする* ・かどうか* ・ひと* ・よてい* ・し* ・なら* ・はず* ・のに* ・まえに* ・ように*	ように*

Summary of verb forms (cont.)

て form	た form (plain past)	Volitional form	Passive form	Causative form
たべ・て おしえ・て み・て	たべ・た おしえ・た み・た	たべ・よう おしえ・よう み・よう	たべ・られる おしえ・られる み・られる	たべ・させる おしえ・させる み・させる
て form	た form	Volitional form	Passive form	Causative form
かっ・て かい・て だし・て まっ・て しん・で あそん・で よん・で のっ・て	かっ・た かい・た だし・た まっ・た しん・だ あそん・だ よん・だ のっ・た	かお・う かこ・う だそ・う まと・う しの・う あそぼ・う よも・う のろ・う	かわ・れる かか・れる ださ・れる また・れる しな・れる あそば・れる よま・れる のら・れる	かわ・せる かか・せる ださ・せる また・せる しな・せる とば・せる よま・せる のら・せる
て form	た form	Volitional form	Passive form	Causative form
し・て き・て	し・た き・た	し・よう こ・よう	さ・れる こ・られる	さ・せる こ・させる

Variations introduced in *Mirai Stages 5 and 6**

〜て・いる／てある* 　・しまう 　・くださいませんか 　・くれない 　・あげる 　・さしあげる 　・くれる 　・くださる 　・もらう 　・いただく 　・いるあいだ（に）* 　・ほしい* 　・こまる* 　・から 　・ているうちに*	〜た・り 　・ら* 　・らいい／らよかった* 　・ほうがいい* 　・ところ 　・ひと* 　・あとで* 　・のに*

Pairs of transitive and intransitive verbs

Intransitive		**Transitive**	
あがる（上がる）	*go up*	あげる（上げる）	*raise*
あく（開く）	*open*	あける（開ける）	*open (something)*
あつまる（集まる）	*gather*	あつめる（集める）	*gather (something)*
うれる（売れる）	*sell*	うる（売る）	*sell something*
おきる（起きる）	*get up, awake*	おこす（起こす）	*wake (someone)*
おちる（落ちる）	*drop*	おとす（落とす）	*drop (something)*
おりる（降りる）	*get down*	おろす（降ろす）	*take down*
おれる（折れる）	*break, snap*	おる（折る）	*break (something)*
おわる（終わる）	*end*	おえる／おわる（終える）	*end (something)*
かえる（帰る）	*return*	かえす（返す）	*return (something)*
かかる	*hang*	かける	*hang (something)*
かわる（変わる）	*change*	かえる（変える）	*change (something)*
きこえる（聞こえる）	*audible*	きく（聞く）	*hear*
きえる（消える）	*be extinguished*	けす（消す）	*extinguish*
こわれる	*break*	こわす	*break (something)*
しまる（閉まる）	*close*	しめる（閉める）	*close (something)*
すぎる（過ぎる）	*elapse, pass*	すごす（過ごす）	*spend (time)*
そだつ（育つ）	*grow*	そだてる（育てる）	*grow (something)*
たすかる（助かる）	*be saved*	たすける（助ける）	*save*
たつ（立つ）	*stand*	たてる（立てる）	*erect, put up*
でる（出る）	*go out*	だす（出す）	*put out*
とおる（通る）	*pass*	とおす（通す）	*pass (something)*
にげる（逃げる）	*run away*	にがす（逃がす）	*let loose*
なおる（直る）	*be fixed*	なおす（直す）	*repair*
ぬげる（脱げる）	*come off*	ぬぐ（脱ぐ）	*take off*
のる（乗る）	*get on*	のせる（乗せる）	*put on, load*
はいる（入る）	*enter*	いれる（入れる）	*put in*
はじまる（始まる）	*begin*	はじめる（始める）	*begin (something)*
まわる（回る）	*turn*	まわす（回す）	*turn (something)*
みつかる（見つかる）	*be found*	みつける（見つける）	*find*
やける（焼ける）	*be burnt*	やく（焼く）	*burn*
よごれる	*get dirty*	よごす	*stain*

Note: Intransitive verbs of motion, such as とおる（通る）*pass* and おりる（降りる）*get down*, follow particle を. This を indicates **movement through a place**, not the direct object.

For example: こうえんをとおる *pass through the park*, 電車をおりる *get down from the train*.

Compounds

Part 1 Unit 1 (Page 13)

東洋	とうよう	*the East, the Orient*	西洋	せいよう	*Western countries*
東北	とうほく	*the north-east*	山寺	やまでら	*a mountain temple*
西南	せいなん	*the south-west*	神社	じんじゃ	*a shrine*

Part 1 Unit 2 (Page 26)

一泊	いっぱく	*for one night*	和室	わしつ	*Japanese-style room*
足跡	あしあと	*footprints*	夕食	ゆうしょく	*evening meal*
旅館	りょかん	*Japanese inn*	昼食	ちゅうしょく	*lunch*

Additional compounds (Page 27)

東京都	とうきょうと	秋田県	あきたけん
小林様	こばやしさま	京都市	きょうとし
大阪市	おおさかし	山田様	やまださま
大田区	おおたく	山口様	やまぐちさま
秋田県	あきたけん	京都府	きょうとふ
青森県	あおもりけん	夏目様	なつめさま
石川県	いしかわけん	西田様	にしださま
石川様	いしかわさま	北海道	ほっかいどう
秋田県	あきたけん	北川様	きたかわさま
西区	にしく	南区	みなみく
高知県	こうちけん	大阪府	おおさかふ
山口市	やまぐちし	山口県	やまぐちけん

Part 1 Unit 3 (Page 42)

着物	きもの	*kimono*	駅前	えきまえ	*the station front*
出発	しゅっぱつ	*departure*	左右	さゆう	*the right and left*
鉄道	てつどう	*railroad*	乗り物	のりもの	*vehicle*

Part 2 Unit 1 (Page 54)

半島	はんとう	*a peninsula*	売り出し	うりだし	*opening sale*
電話	でんわ	*a phone*	美人	びじん	*a beauty*
会話	かいわ	*conversation*	公園	こうえん	*a park*
子羊	こひつじ	*a lamb*	国語	こくご	*national language, Japanese*
売店	ばいてん	*a kiosk, a stall*			

Part 2 Unit 2 (Page 67)

店員	てんいん	shop assistant	宝石店	ほうせきてん	jewellery shop
開会	かいかい	opening of a meeting	閉店	へいてん	shop is closed
包み紙	つつみがみ	wrapping paper	電気店	でんきてん	electrical goods shop
駅員	えきいん	railway station worker	洋服	ようふく	(Western) clothes
品物	しなもの	goods			

Part 2 Unit 3 (Page 77)

料理	りょうり	dishes, cooking	小鳥	ことり	(small) bird
牛肉	ぎゅうにく	beef	焼鳥	やきとり	grilled chicken kebabs
肉屋	にくや	butcher's shop	酒屋	さかや	sake shop, liquor store
金魚	きんぎょ	goldfish	食料品店	しょくりょうひんてん	grocer's shop
夕焼け	ゆうやけ	evening glow			

Part 3 Unit 1 (Pages, 90, 91)

遠足	えんそく	excursion	運転	うんてん	driving of a vehicle
急行	きゅうこう	express train	教習所	きょうしゅうじょ	training school
禁止	きんし	prohibition, ban	免許	めんきょ	licence
心配	しんぱい	worry	飲酒運転	いんしゅうんてん	drink driving
散歩	さんぽ	a walk	事故	じこ	accident
工場	こうじょう	factory	事件	じけん	event, incident
場所	ばしょ	place, spot			
近所	きんじょ	neighbourhood			
台所	だいどころ	kitchen			

Part 3 Unit 2 (Page 103)

作文	さくぶん	essay, composition	最終	さいしゅう	last, closing
最初	さいしょ	beginning, the first	駅長	えきちょう	station master
校長	こうちょう	principal	頭痛	ずつう	a headache
安心	あんしん	peace of mind	先頭	せんとう	the head, lead
二晩	ふたばん	two nights			

Part 3 Unit 3 (Page 115)

何回	なんかい	how many times?	仕事	しごと	work
回転	かいてん	rotation	読書	どくしょ	reading
勉強	べんきょう	study	図書館	としょかん	library
働き手	はたらきて	worker, hand	紅茶	こうちゃ	Indian tea
仕方	しかた	method, way			

Part 4 Unit 1 (Page 134)

組合	くみあい	*an association*	地震	じしん	*earthquake*
世界	せかい	*the world*	寒中	かんちゅう	*midwinter*
都合	つごう	*convenience*	友達	ともだち	*friend*
病気	びょうき	*illness*	生徒	せいと	*pupil*
病院	びょういん	*hospital*	世紀	せいき	*century*
病人	びょうにん	*sick person*	震度	しんど	*seismic intensity*

Part 4 Unit 2 (Page 141)

平和	へいわ	*peace*	住所	じゅうしょ	*address*
平気	へいき	*calm*	衣食住	いしょくじゅう	*necessities of life*
太平洋	たいへいよう	*Pacific Ocean*	姉妹	しまい	*sisters*
動力	どうりょく	*power*	計算機	けいさんき	*calculator*
助力	じょりょく	*help, aid*	時計	とけい	*clock*
協力	きょうりょく	*cooperation*	合計	ごうけい	*total amount*

Part 4 Unit 3 (Page 151)

外交	がいこう	*diplomacy*	日英	にちえい	*Japan/England*
信号	しんごう	*signal*	英語	えいご	*English*
信用	しんよう	*trust, credit*	銀行	ぎんこう	*bank*
見当	けんとう	*aim, direction*	日豪	にちごう	*Japan/Australia*
本当	ほんとう	*true, real*			

English–Japanese Word List

The following word list contains most of the vocabulary used in the texts. Words have been omitted for which there is no simple English equivalent. This word list is not a dictionary, and students should consult a dictionary for further information about the usage of the words. Verbs are indicated (v).
う verbs and る verbs are indicated Ⓤ Ⓡ

a little while ago	さきほど，さっき	becoming, suit (v)	にあう（合う）　Ⓤ
accept (v)	うけいれる　Ⓡ	best, supreme	さいこう
accident	じこ	book, reserve (v)	よやくする
accustomed (v)	なれる　Ⓡ	booking	よやく
action	こうどう（行動）	bosom, chest	むね
actually, really	じっさい（に）	broadcast be (v)	（ニュースが）ながれる
admission to school	にゅうがく（入学）	Buddha (giant statue)	だいぶつ（大仏）
admit to school (v)	入学する	building	たてもの
adult	おとな	bus stop	バスてい
advanced countries	せんしんこく（先進国）	business	えいぎょう
aged	としとった（年取った）	by all means	ぜひ
air	くうき（空気）	by chance	ぐうぜん
alcohol consumption	いんしゅ（飲酒）	by far	ずっと
all the time	ずっと	can buy (v)	か（買）える　Ⓡ
all year	ねんじゅう（年中）	cancellation	とりけし
all, completely	すっかり	capability	のうりょく（能力）
anyway	とにかく	cape, point	みさき（岬）
application	おうぼ	capital	しゅと（首都）
apply (v)	おうぼする	carry in (v)	もちこむ　Ⓤ
apprentice	みならい（見習い）	castle	しろ，～じょう
approximately	やく	cause, raise (v)	おこす　Ⓤ
aptitude	てきせい	ceremony	しき
architect	けんちくか	certainly	かならず
architecture	けんちく	change (v)	かわる　Ⓤ
around a ~	～をかこんで	change (v)	かえる　Ⓡ
art gallery	びじゅつかん	change clothes (v)	きがえる
as possible	できるだけ～	charge, fee	りょうきん（料金）
as a ~	～として	clean, pure	せいけつ（な）
ask (v)	うかがう　Ⓤ	close shop (v)	へいてん（閉店）する
astronaut	うちゅうひこうし	coffee shop	きっさてん
atomic bomb victim	ひばくしゃ	coins	こうか
attached (v)	ついている　Ⓡ	combine efforts (v)	ちから（力）をあわせる
attendance	しゅっせき（出席）	coming of age ceremony	せいじんしき
attend (v)	しゅっせきする	commute (v)	かよう　Ⓤ
authentic, real thing	ほんもの（本物）	complain (v)	もんくいう（言う）　Ⓤ
auto. ticket machine	じどうけんばいき	complete (v)	かんせいする
bean soup	みそしる	completion	かんせい
become adult (v)	せいじんする	connect (v)	れんらくする
		connection	れんらく

constructed be (v)	たてられる　る		energetic	エネルギッシュ（な）
contain (v)	ふくむ　う		English Lit.	えいぶんがく（英文学）
continue (v)	つづく　う		enquire (v)	といあわせる　る
continue (v)	つづける　る		entirely, wholly	すべて
conversation	かいわ（会話）		especially	とくに（特に）
cool, hip	かっこいい		everything	なにもかも（何もかも）
cooperate (v)	きょうりょく（協力）する		everywhere	すみずみ
cooperation	きょうりょく（協力）		exchange (v)	こうかんする
corner	かど		excited be (v)	ワクワクする
corps, party	たい（隊）		experience	けいけん
correspond (v)	ぶんつう（文通）する		expire, sever (v)	きれる　る
correspondence	ぶんつう（文通）		express train	きゅうこう（急行）
costume hire	かしいしょう		extra special	とくじょう（特上）
cross (v)	わたる　う		fact, thing	こと（事）
crossing	こうさてん		fall down (v)	おちる　る
crowd, numbers	おおぜい		familiarity	したしみ
crowded (v)	こんでいる　る		farewell party	そうべつかい（送別会）
cultural festival	ぶんかさい		farm household	のうか（農家）
damage	ひがい		fashion, craze	りゅうこう（流行）
dance (v)	おどる　う		fast, diet	だんじき
decide (v)	きめる　る		fast (v)	だんじきする
decided be (v)	きまる　う		fat be (v)	ふとっている
delighted (v)	よろこぶ　う		fee, key money	れいきん（礼金）
dentist	はいしゃ		feel (v)	かんじる　る
deposit	しききん（敷金）		feeling	きぶん（気分）
detention	こうち		fight against (v)	たたかう　う
development	はってん（発展）		figure, form	かたち
dig (v)	ほる　う		fine, penalty	ばっきん
dinner party	えんかい（宴会）		fine, splendid	けっこう（な）
diplomacy	がいこう（外交）		first class	いちりゅう（一流）
discover (v)	はっけん（発見）する		flood	こうずい（洪水）
discovery	はっけん（発見）		floor	ゆか
discuss together (v)	はなしあう（話し合う）　う		fluent	ペラペラ
disregard signals	しんごうむし（信号むし）		for ~	～にとって
donate (v)	きふする		for example	たとえば
donation	きふ		foreign	かいがい（海外）
dream	ゆめ		foreign country	がいこく（外国）
dressing (kimono)	きつけ		fortunately	さいわい
drunk, be (v)	よう　う		fresh water	まみず
each	それぞれ		friendly	したしい
earlier, prior	はや（早）めに		from end to end	はしからはしまで
earnestly	いっしょうけんめい		fund raising	ぼきん（募金）
earthquake	じしん（地震）		fuss, uproar	おおさわぎ
ends, extremities	はて		gather (v)	あつめる　る
endurance	がまん		get off (v)	おりる　る
endure (v)	がまんする		ghastly	ものすごい

give up hope (v)	あきらめる ⓡ	investigate	しらべる ⓡ
globe	ちきゅう（地球）	invite	まねく ⓤ
gloves	てぶくろ	irritated	イライラ
go out (v)	で（出）かける ⓡ	Islamic faith	イスラムきょう（教）
gourmet	グルメ	Japanese inn	りょかん（旅館）
grab (v)	つかむ ⓤ	Japanese style	わふう（和風）
graduate (v)	そつぎょうする	Japanese style room	わしつ（和室）
graduation	そつぎょう	jewelery shop	ほうせきてん（宝石店）
grieved be (v)	こころ（心）をいためる ⓤ	job advertisement	ぼしゅうきじ
grilled chicken kebabs	やきとり（焼鳥）	joining in	なかまいり
grilled fish	やきざかな（焼魚）	joke	じょうだん
grown up person	せいじん（成人）	jump up (v)	とびあがる ⓤ
guest, visitor	きゃく（客）	just	つい
hairdresser	びよういん	kingdom	おうこく（王国）
hard to bear, painful	つらい	knowledge	ちしき
hatch a plan (v)	プランをねる ⓡ	lace	レース
he, boyfriend	かれ	lake	みずうみ
heart	こころ（心）	land bridge	りっきょう
held be (v)	おこな（行）われる ⓡ	last, final	さいご（最後）の
help, assistance	えんじょ（援助）	learn (v)	まな（学）ぶ ⓤ
here and there	あちこち	left-hand side	ひだりがわ（左側）
hire (v)	かりる ⓡ	leisurely	のんびり
honorific language	けいご	licence	めんきょ（免許）
hospital	びょういん（病院）	like, be pleased (v)	きにいる（気に入る） ⓤ
hotspring	おんせん	limousine	リムジン
hourly pay	じ（時）きゅう	live, make a living (v)	くらす ⓤ
household	かてい（家庭）	look after (v)	せわする
humpbacked whale	ザトウクジラ	lose, be deprived of (v)	うしなう ⓤ
hurry (v)	いそぐ ⓤ	lost property	わすれもの
hurt (v)	いためる ⓡ	love, affection	あいじょう
husband and wife	ふさい	made in ~	～せい
immediately	さっそく	manage (v)	しょりする
impossible	むり	management	しょり
including	つき（付）	map	ちず
inconvenient	ふべん	market	いち（市）
independence	じりつ（自立）	meeting hall	かいかん（会館）
information	じょうほう	members of a corps	たいいん（隊員）
injured be	けがする	memorable	おもいで（の）
insurance	ほけん	mistake (make a) (v)	ミスする
interference	かんしょう（干渉）	moderate	てごろ（手ごろ）（な）
internat. airport	こくさいくうこう（国際空港）	mother tongue	ぼこくご（母国語）
interpret (v)	つうやく（通訳）する	movement, activity	かつどう（活動）
interpretation	つうやく（通訳）	museum	はくぶつかん
interview	めんせつ	nature	しぜん
in time be (v)	まにあう（間に合う） ⓤ	necessary	ひつよう（な）
introduce	しょうかいする	need (v)	いる ⓤ
introduction	しょうかい		

next door	となり
non-reserved seat	じゆうせき
nostalgic	なつかしい
not only but also	～だけではなく
notice (v)	き（気）がつく　う
obey, protect (v)	まもる　う
occur (v)	おこる　う
of course, I see	なるほど
old clothes	ふるぎ（古着）
on the way	とちゅう（途中）
on the way (formal)	とじょう（途上）
one night stay	いっぱく（一泊）
one way trip	かたみち（片道）
only	ばかり，だけ
open shop	かいてん（開店）する
operate, drive (v)	うんてん（運転）する
operation, driving	うんてん（運転）
order (v)	ちゅうもんする
order	ちゅうもん
overseas	かいがい（海外）
Pacific Ocean	たいへいよう（太平洋）
part from (v)	わかれる（別れる）　る
particularly	かくべつ（に）
pass let (v)	とお（通）す　う
~peak	～たけ，だけ
penal code	ばっそく
perform (v)	おこなう　う
personal experience	たいけん
photography studio	フォト・スタジオ
physical strength	たいりょく（体力）
pile up (v)	つむ　う
place	ばしょ（場所）
place of interest	みどころ（見所）
plan	けいかく（計画）
plan (v)	けいかくする
plants	しょくぶつ
platform	ホーム
platform no.	～ばんせん（番線）
platform ticket	にゅうじょうけん
police	けいさつ
population	じんこう（人口）
price	ねだん
priceless, precious	きちょう（な）
prize	しょう
program, plan	よてい
progress	じょうたつ

properly, neatly	きちんと
provide, prepare (v)	よういする
provision, preparation	ようい
provisional licence	かりめん
public (funded)	こうりつ
push (v)	おす　う
qualification	しかく
race, folk	みんぞく
radiation sickness	げんばくしょう
railway crossing	ふみきり
rare, unusual	めずらしい
realisation	じつげん
realise a dream (v)	じつげんする
receive (v)	うける　る
receive award (v)	じゅしょうする
recently	このあいだ（間）
reception (welcome)	かんげいかい（かんげい会）
reconstruct (v)	さいけんする
recruit (v)	ぼしゅうする
recruitment	ぼしゅう
regrets	こうかい（後悔）
regret (v)	こうかい（後悔）する
relief	あんしん（安心）
relieved be (v)	あんしん（安心）する
renew (v)	こうしん（更新）する
request, require (v)	もとめる　る
responsibility	せきにん
result	けっか
résumé	りれきしょ
return (v)	もどる　う
revive (v)	い（生）かす　う
right to vote	せんきょけん
right-hand side	みぎがわ（右側）
rock	いわ
round trip	おうふく
run into, collide (v)	ぶつかる　う
safe, secure	あんぜん（安全）（な）
safely	ぶじに
salary	きゅうりょう
salted pickles	つけもの
satisfaction	まんぞく
satisfied be (v)	まんぞくする
save (a person) (v)	たす（助）ける　る
scenery	けしき
scold (v)	こごとをいう（言う）　う
search for (v)	さがす　う

seashore	かい(海)がんせん	technical college	せんもん学校
secure, ensure (v)	かくほする	terrible, fearful	おそろしい
self	じしん(自身)	thankfully	おかげさまで
senior	せんぱい	thickly sliced	あつぎり
separate	べつ(の)	tie up, bind (v)	くくる ⓤ
separated be (v)	はぐれる ⓡ	timetable	じこくひょう(時刻表)
serious	しんけん(な)	tourist	かんこうきゃく(観光客)
service charge	サービスりょう(料)	traffic	こうつう(交通)
shape	かたち	traffic lights	しんごう(信号)
she, girlfriend	かのじょ	train	れっしゃ(列車)
shut, close (v)	し(閉)まる ⓤ	translate (v)	ほんやくする
sign	かんばん	translation	ほんやく
silent be (v)	だまる ⓤ	travel cost	こうつうひ(交通費)
skilful, clever	うまい	troubled be (v)	こま(困)る ⓤ
skin	はだ	turn (v)	まがる ⓤ
slowly	ゆっくり	tuxedo	タキシード
smell	におい	universe, space	うちゅう(宇宙)
social	コンパ	unpalatable (bad tasting)	まずい
soft toy	ぬいぐるみ	useful (v)	やくにたつ ⓤ
someone	だれか	value	かち
soon	もうすぐ	venue	かいじょう(会場)
spa bath	ジェットバス	very sorry	もうしわけありません
specialty	せんもん	very well	よろしい
speed per hour	じそく(時速)	vexatious	くやしい
spending money	こづかい	village	むら
spirited, be (v)	やるき(気)がある ⓤ	violation	いはん
split, be divided (v)	わ(分)かれる ⓡ	visit	ほうもん
sponsor	ほしょうにん	visit (v)	ほうもんする
spread, extend (v)	ひろ(広)がる ⓤ	war	せんそう
stairs	かいだん	way of life	いきかた(生き方)
stand in line (v)	ならぶ ⓤ	wedding ceremony	けっこんしき
station lunch box	えきべん(駅弁)	weight (body)	たいじゅう(体重)
stay overnight (v)	と(泊)まる ⓤ	welcome	ようこそ
step on (v)	ふむ ⓤ	well (water)	いど(井戸)
stop (v)	と(止)まる ⓡ	Western style room	ようしつ(洋室)
straight ahead	まっすぐ	whole country	ぜんこく(全国)
subway rail	ちかてつ(地下鉄)	whole, entire	ぜんたい(全体)
suffer, be afflicted (v)	くるしむ ⓤ	wife	つま, おくさん
sufficient be (v)	たりる ⓡ	wipe, mop (v)	ふく ⓤ
support (v)	ささえる ⓡ	witness	もくげきしゃ(目撃者)
surround (v)	かこむ ⓤ	woman	じょし, じょせい(女子, 女性)
surrounded by (v)	かこまれる ⓡ	work	しごと(仕事)
take action (v)	こうどう(行動)する	wrap (v)	つつ(包)む ⓤ
take and pick up (v)	おくりむかえする	wrapping paper	つつみがみ(包み紙)
take-away food	もちかえり(持ち帰り)	wrist watch	うでどけい(うで時計)
tax, rates	ぜい	young people	わかもの(若者)

Japanese–English Word List

あ

あいさつ	greeting
あいじょう	love, affection
あ(合)う　う	to suit, match
あきらめる　る	to give up
あちこち	here and there
あつぎり(切)	thickly sliced
あつめる　る	to gather, collect
(ご)あんしん(安心)(する)	relief, to be relieved
あんぜん(な)	safe, secure

い

い(生)かす　う	to revive, bring to life
いきかた(生き方)	way of life
イスラムきょう(教)	Islamic faith
いそぐ　う	to hurry
いためる　る	to hurt, injure, ache
いち(市)	a market
いちりゅう(一流)	first class
いっぱく(一泊)(する)	for one night, (to stay)
いど(井戸)	a well
いはん	violation
イライラ(する)	to be irritated
いる　う	to need
いわ	a rock
いんしゅ(飲酒)	alcohol consumption

う

ウォッシュレット	a toilet which showers, blow dries and warms the user
うかがう　う	to ask (polite)
うけいれる(受け入れる)　る	to accept, receive
うける　る	to receive, take, have
うしなう　う	to lose, be deprived of
うでどけい(時計)	wrist watch
うまい	skilful, clever, sweet
うんてん(運転)(する)	operation, to drive, operate

え

えいぎょう	business
えきべん(駅弁)	station lunch box
エネルギッシュ(な)	energetic
～えん(園)	~park, garden
えんかい	dinner party, banquet
えんじょ(援助)	help, assistance

お

おうふく	round trip (return ticket)
おうこく(王国)	kingdom
おうほ(する)	application, to apply
おおさわぎ(大騒ぎ)	big fuss, uproar, hubbub
おおぜい	large numbers, crowd
おかげさま(様)で, おかげで	thankfully
おきる　る	to occur, happen
おくりむかえする	to take and pick up (a person)
おく(送)る　う	to lead one's life, spend
おこす　う	to cause, create
(お)こづかい	spending money, pocket money
おこなう　う	to perform, put into practice
おこなわれる　る	to be held
おす　う	to push
おそろしい	terrible, fearful
おちる　る	to fall down
おとずれる　る	to visit
おととい	the day before yesterday
おとな(大人)	adult
おどる　う	to dance
おまたせしました	sorry to keep you waiting
おもいで(の)	memorable
おもちかえり(お持ち帰り)	take-away food
(を)おりる　る	to get off, descend from
おんせん	hot spring

か

かいがい(海外)	overseas, foreign
かいかん(会館)	meeting hall
かい(海)がんせん	sea shore

がいこう（外交） diplomacy, diplomatic relations

かいじょう（会場） venue, meeting place, site

かいだん stairs

かいてん（開店）（する） to open a shop

か（買）える ⓡ can buy

かき（下記） below mentioned

かくべつ（に） particularly, especially

かくほする to secure, ensure

かこまれる ⓡ to be surrounded (by)

かこむ ⓤ to surround

～をかこんで (do something) around

かしいしょう costume hire

かしこまりました certainly sir/madam

かたち shape

かたみち one way trip (one-way ticket)

かち value

かっこいい／わるい cool, hip/uncool

かつどう（活動） movement, activity, operation

かど corner

かのじょ（彼女） she, girlfriend

がまん（する） endurance, patience, to endure

かよう ⓤ to commute

かりめん temporary, provisional licence

かりる ⓡ to hire

かれ（彼） he, boyfriend

か（買）わせる ⓡ to allow to buy

かわる ⓤ to change

き

きがえる ⓡ to change one's clothes

き（気）がつく ⓤ to notice

きっさてん（喫茶店） coffee shop

きちょう（な） priceless, precious

きちんと neatly, nicely, carefully

きつけ（着付） dressing (kimono)

きにいる（気に入る） ⓤ to like, be pleased with

きふ（する） donation, to donate

きぶん（気分） feeling

きまる ⓤ to be decided, settled

きめる ⓡ to fix on, decide on

きゃく visitor, guest, customer

きゅうこう express train

きゅう（急）ブレーキをかける ⓡ to apply brakes suddenly

きゅうりょう salary, pay

きょうしゅうじょ（教習所） training centre, driving school

きょうりょく（協力）する cooperation, to cooperate

き（切）れる ⓡ to expire, sever

く

くうき（空気） air, atmosphere

ぐうぜん by chance

くくる ⓤ to tie up, bind, do up

くやしい vexatious, mortifying

くらす ⓤ to live, make a living

くるしむ ⓤ to suffer, be afflicted

グルメ gourmet

け

けいかく（する） plan, to plan

けいけん（する） experience, to experience

けいご（敬語） honorific language

けいさつ police

けが（する） injury, to be injured

けしき scenery

けっか result, outcome

けっこう fine, splendid, excellent

けっこんしき wedding ceremony

けん counter for building

けんちく architecture, building

けんちくか architect

げんばくしょう（原爆症） radiation sickness

こ

ごう counter for numbers and train names

こうか coins

こうかい（後悔）する	*to regret*
こうかん（する）	*exchange, to exchange*
こうさてん	*crossing*
こうしん（する）	*to renew*
こうずい（洪水）	*flood*
こうち（される） ⑥	*detention, to be detained*
こうつう（交通）	*traffic*
こうつうひ（交通費）	*travel cost*
こうどう（行動）する	*to take action*
こうりつ（公立）	*public*
こくさいくうこう	*international airport*
こころ	*heart*
こころ（心）をいためる	*to be grieved, troubled, worried*
ゴットン、ゴットン、	*kclunk kclunk*
こと	*fact, act, thing, matter*
このあいだ	*recently*
ごふくや（屋）	*kimono shop*
こまる ⑤	*to be troubled, distressed, perplexed*
こんでいる ⑥	*to be crowded*

さ

さいご（最後）	*last, final*
さいこう（最高）	*supreme, the best*
さいけん（する）	*reconstruction, to rebuild*
さいわい	*fortunately*
さがす ⑤	*to search for*
さきほど	*a little while ago*
ささえる ⑥	*to support, maintain*
さっそく	*immediately, at once*
ザトウクジラ	*humpbacked whale*
サービスりょう（料）	*service charge*

し

ジェットバス	*spa bath*
しかく	*qualification*
じかん（時間）どおり	*on time*
しき（式）	*ceremony*
じ（時）きゅう	*hourly payment*
しききん（敷金）	*a deposit*
じこ	*accident*
しごと（仕事）	*work, business, employment*

じこくひょう（時刻表）	*timetable*
じしん（自身）	*self, him/herself*
じしん（地震）	*earthquake*
しぜん（の）	*nature, natural*
じそく（時速）	*speed per hour*
したしみ	*familiarity, friendly feeling*
じっさい（に）	*practice, actually*
じどう（自動）けん ばいき	*automatic ticket machine*
しまる ⑤	*to be shut, to be closed*
しゃない（車内） はんばい	*selling on the train, vending trolley*
じゆうせき	*non-reserved seat*
じゅしょう（受賞）する	*to receive an award*
しゅっせき（出席）する	*attendance, to attend*
しゅと	*capital*
しょう（賞）	*prize*
じょう（上）	*superior, special*
しょうしょう（少々）	*a little*
しょうかい（紹介）（する）	*introduction, to introduce*
じょうたつ（上達）	*progress, improvement*
じょうだん	*a joke*
じょうほう	*information*
しょくぶつ（植物）	*plants*
しょちょう（署長）	*the head/chief (of police)*
しょり（する）	*management, to manage, deal with*
しらべる ⑥	*to investigate, examine*
じりつ（自立）する	*independence, to be independent*
（お）しろ	*castle*
しんけん	*serious*
しんごう	*traffic lights*
じんこう（人口）	*population*
しんごうむし	*disregard of traffic lights*
しんせん（な）	*fresh*

す

すがた	*figure form, shape*
すぐ	*straight away, immediately*
すっかり	*all, completely*
ずっと	*all the time*
すべて	*entirely, wholly*
すみずみ	*every nook and cranny*

せ

～せい	made in~
ぜい	tax, rate
せいけつ（な）	clean
せいじん（する）	an adult, to become an adult
せいじんしき（成人式）	coming of age celebration
せいねん（青年）	a youth
せきにん	responsibility
せっかく	at great pains, take trouble to
せなかがあいている	backless
ぜひ	by all means
せわ（世話）	help assistance
せんきょけん	the right to vote
ぜんこく（全国）	the whole country
ぜんしつ（全室）	all the rooms
せんしんこく（先進国）	advanced countries
せんそう（戦争）	war
ぜんたい（全体）	whole, entire
せんぱい	senior, superior

そ

そうしたら	as a result
そうべつかい	farewell party
それぞれ	each, respectively
そろそろ	slowly, soon
そんなに	in such a way

た

たい（隊）	a party, corps, unit
たいいん（隊員）	member of a corps
たいけん	(personal) experience
たいじゅう（体重）	body weight
だいぶつ（大仏）	giant statue of Buddha
たいへいよう（太平洋）	Pacific Ocean
たいりょく（体力）	physical strength
タキシード	tuxedo
～たけ（～だけ）	~peak, mountain
だけではなく	not only but also
たすける　る	to save
たたかう　う	to fight against
たてもの	building
たてられる　る	to be constructed, built

たとえば	for example
だまる　う	to be silent
たりる（足りる）　る	to be sufficient
だれか	someone
だんじき（する）	a fast, to fast
たんだい（短大）	short university course (2 years)

ち

ちかてつ（地下鉄）	subway rail
ちからをあわせる（力を合わせる）	to combine effort
ちきゅう（地球）	the globe
ちしき	knowledge
ちず	a map
ちっとも...ない	not at all...
ちゅうもん（する）	an order, to order, commission
チンチンでんしゃ（電車）	tram, streetcar

つ

つい	just
ついている（付いている）　る	to be attached, included
ついに	finally, in the end
つうやく（通訳）（する）	interpretation, to interpret
つかえる　る	can use
つかむ　う	to grab
つき（付）	including, part and parcel, with
つけもの	pickled (salted) vegetables
つづく　う	to continue
つづける　る	to continue
つつみがみ（包み紙）	wrapping paper
つつむ（包む）　う	to wrap
つま	wife
つむ　う	to pile up, heap
つらい	hard to bear, painful

て

ていきゅう	regular closing (day)
でかける（出かける）　る	to go out

てきせい	*aptitude*
できるだけ	*as ~ as possible*
てごろ（手ごろ）	*moderate, reasonable*
てっぱんやき	*barbecued meat and veg-*
（鉄ぱん焼き）	*etables (at the table)*
てぶくろ（手ぶくろ）	*gloves*

と

といあわせる	*to enquire, make*
（問い合わせる）　る	*enquiries*
とおす（通す）　う	*to let pass*
とくじょう（特上）	*extra special*
とくに	*especially*
どこか	*somewhere*
～として	*as a, by way of*
としをとった	*aged, elderly*
（年をとった）	
とじょう（途上）	*on the way to (formal)*
とちゅう（途中）	*during the journey*
とっきゅう（特急）	*special express train*
（～に）とって	*for ~*
となり	*next-door, adjacent*
とにかく	*anyway*
とびあがる　う	*to jump up*
とまる（止まる）	*to stop*
とまる（泊まる）	*to stay (overnight)*
とりけし（取り消し）	*cancellation*

な

なかまいり	*joining in*
ながれる　る	*to be broadcast, to flow*
なし	*=ない nil*
なつかしい	*nostalgic, longed for*
なにもかも（何もかも）	*everything, any and*
	every
ならぶ　う	*to stand in line (row), to*
	queue
なるほど	*I see, of course*
なれてくる	*to become accustomed to*
なれる　る	*to become accustomed to*

に

にあう　う	*to suit, to be becoming,*
	be suitable

におい	*smell*
にゅうがく（入学）	*admission to school or*
（する）	*university, to enter school*
にゅうじょうけん	*platform ticket, entry*
	ticket
～にんまえ（人前）	*dishes per person*

ぬ

ぬいぐるみ	*stitched soft toy*

ね

ねだん	*price*
ねんじゅう（年中）	*all year*

の

のうか	*farm household*
のうりょく（能力）	*capability, competency*
	(brain power)
のんびり	*leisurely, without pressure*

は

～ばい	*~ times*
はいしゃ	*a dentist*
ばかり	*only*
はくぶつかん	*museum*
はぐれる　る	*to become separated*
はしからはしまで	*from end to end*
バシャッと	*sploosh!*
ばしょ	*place*
バスてい	*bus stop*
はだ	*skin*
ばっきん（ばっ金）	*a fine*
はっけん（する）	*discovery, to discover*
ばっそく	*penalties, penal*
	regulations
はってん（発展）	*development, growth*
はて	*ends, extremity*
はなしあう（話し合う）	*to discuss together*
はやめに（早めに）	*earlier, ahead of time*
～ばんせん（～番線）	*platform number ~*
～ばんめ（番目）	*ending for ordinal*
	numbers (first, second etc)

ひ

ひがい（被害）	*damage*
びじゅつかん	*art gallery*
ひだりがわ（左側）	*left-hand side*
ひつよう（な）	*necessary*
ひばくしゃ（被爆者）	*atomic bomb victim*
ひろがる（広がる）	*to spread, widen, extend*
びょういん（病院）	*hospital*
びよういん（美容院）	*hair dresser*

ふ

フィレ	*fillet*
フォト・スタジオ	*photography studio*
ふく　　う	*to wipe, mop*
ふくむ　　う	*to contain, include*
ふさい	*husband and wife, Mr and Mrs*
ぶじに	*safely*
ぶつかる　　う	*to run into, collide with, strike*
ふとっている　　る	*to be fat*
ふべん	*inconvenient*
ふみきり	*railway crossing*
ふむ	*to step on*
プランをねる	*hatch a plan, work on an idea*
ふるぎ（古着）	*old clothes*
ぶんかさい	*cultural festival*
ぶんつう（文通）（する）	*correspondence, to correspond*

へ

へいてんする（閉店する）	*to close shop*
ペコペコ	*to be famished, stomach is grumbling*
べつ	*separate, difference, discrimination*
ペラペラ	*fluent*

ほ

ほうせきてん（宝石店）	*jewelery shop*
ホーム	*platform*
ほうもん（訪問）（する）	*a visit, to visit, call on*
ぼきん（募金）	*fundraising*
ほけん	*insurance*
ぼこくご（母国語）	*mother tongue, native language*
ぼしゅう（する）	*recruitment, to recruit, advertise for*
ぼしゅうきじ	*job vacancy description*
ほしょうにん（ほしょう人）	*a sponsor*
ほる　　う	*to dig*
ほんもの（本物）	*authentic, real, genuine*
ほんやく（する）	*translation, to translate*

ま

まがる　　う	*to turn*
まずい	*unpalatable, unpleasant tasting*
まっすぐ	*straight, straight ahead*
まなぶ（学ぶ）　　う	*to learn*
まにあう（間に合う）　　う	*to be in time*
まねく　　う	*to invite, beckon*
まみず（真水）	*fresh water*
まもる　　う	*to obey, protect, defend*
まんぞく（満足）（する）	*satisfaction, to be satisfied*

み

みうごきできない	*cannot move an inch*
みぎがわ（右側）	*right-hand side*
みさき	*cape, point, promontory*
みじか（な）	*near oneself, personal experience*
ミス（する）	*mistake, to make a mistake*
みずうみ（湖）	*lake*
みそしる	*soy bean soup*
みつかる（見つかる）　う	*to be found, discovered*
みどころ（見所）	*place of interest*
みならい（見習い）	*apprenticeship, apprentice*
みんぞく	*a race, a nation, a people, folk*

む

むきゅう（無休）	no holiday, open every day
むし（する）	disregard, to ignore
むね	bosom, bodice
むら（村）	village
むり	impossible, unreasonable, unjust

め

めいわくをかける　る	to put someone to trouble, disturb
めずらしい	rare, unusual, singular
めんきょ（免許）	licence
めんせつ	interview

も

もうしわけありません	there is no excuse, I am very sorry
もくげき（する）	witness, to witness
もちこむ（持ち込む）　う	to carry in, bring in
もとめる　る	to require, want, wish for
もどる　う	return, go back, retrace steps
ものすごい	ghastly, terrible, frightful
～もりあわせ	assorted ~
もんくをいう（もんくを言う）	to complain

や

やきざかな（焼魚）	grilled fish
やきとり（焼鳥）	grilled chicken kebabs
やく	approximately
やくにたつ　う	to be useful
やせる　る	to become thin, slim
やるきがある（やる気がある）	spirited, energetic, keen

ゆ

ゆか	floor
ゆっくり	leisurely, slowly
ゆめ	a dream

よ

よう　う	to get drunk, intoxicated
ようい（する）	provision, to provide, prepare
ようこそ	welcome
ようしつ（洋室）	Western-style room
ようふく（洋服）	Western (modern) clothing
よし	all right, OK
よてい	a program, plan, schedule
よやく（する）	booking, to book
よろこぶ　う	to be delighted
よろしい	very well, that's good

り

りっきょう	land bridge
リムジン	limousine
りゅうこう（流行）	a fashion, a craze
～りょう（料）	tariff, charge, fee
りょうきん（料金）	charge, fee, fare
りょうきんひょう（料金表）	fare chart
りょかん（旅館）	Japanese traditional style inn
りれきしょ	résumé, curriculum vitae

れ

れいきん（礼金）	a fee, key money, honorarium
レース	lace
れっしゃ（列車）	railway train
れんらく（する）	connection, to connect

わ

わかもの（若者）	young people, youth
（と）わかれる（別れる）　る	to part from
わかれる（分かれる）　る	to split, diverge from, be divided
ワクワクする	to be excited
わしつ（和室）	Japanese-style room
わすれもの	lost property, things left behind
わたる　う	to cross
わふう（和風）	Japanese-style
わふく（和服）	traditional Japanese clothing

Index of Grammatical Points

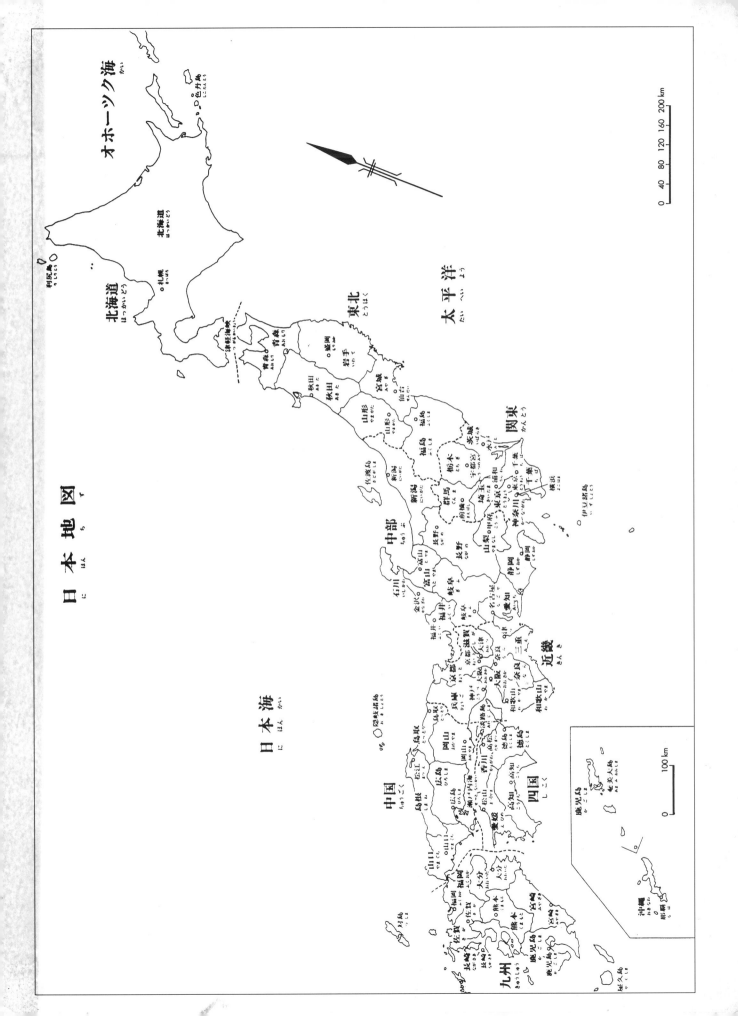

日　本　地　図
に　ほん　ち　ず

オホーツク海
かい

色丹島
しこたんとう

利尻島
りしりとう

北海道
ほっかいどう

北海道
ほっかいどう

札幌
さっぽろ

太平洋
たい　へい　よう

東北
とうほく

津軽海峡
つがるかいきょう

青森
あおもり

青森
あおもり

盛岡
もりおか

岩手
いわて

秋田
あきた

秋田
あきた

宮城
みやぎ

仙台
せんだい

山形
やまがた

山形
やまがた

福島
ふくしま

関東
かんとう

福島
ふくしま

茨城
いばらぎ

佐渡島
さどがしま

新潟
にいがた

新潟
にいがた

栃木
とちぎ

群馬
ぐんま

宇都宮
うつのみや

水戸
みと

前橋
まえばし

埼玉
さいたま

千葉
ちば

東京
とうきょう

浦和
うらわ

千葉
ちば

中部
ちゅうぶ

長野
ながの

山梨
やまなし

神奈川
かながわ

横浜
よこはま

伊豆諸島
いずしょとう

富山
とやま

富山
とやま

長野
ながの

石川
いしかわ

金沢
かなざわ

岐阜
ぎふ

岐阜
ぎふ

静岡
しずおか

静岡
しずおか

日本海
に　ほん　かい

福井
ふくい

福井
ふくい

滋賀
しが

名古屋
なごや

愛知
あいち

大津
おおつ

京都
きょうと

三重
みえ

近畿
きんき

隠岐諸島
おきしょとう

京都
きょうと

大阪
おおさか

奈良
なら

津
つ

鳥取
とっとり

鳥取
とっとり

兵庫
ひょうご

大阪
おおさか

奈良
なら

松江
まつえ

岡山
おかやま

神戸
こうべ

和歌山
わかやま

中国
ちゅうごく

島根
しまね

岡山
おかやま

広島
ひろしま

淡路島
あわじしま

和歌山
わかやま

山口
やまぐち

広島
ひろしま

瀬戸内海
せとないかい

香川
かがわ

徳島
とくしま

100 km

松山
まつやま

高松
たかまつ

徳島
とくしま

山口
やまぐち

愛媛
えひめ

高知
こうち

四国
しこく

硫黄島
いおうじま

父島
ちちじま

母島
ははじま

鹿児島
かごしま

大分
おおいた

大分
おおいた

福岡
ふくおか

福岡
ふくおか

佐賀
さが

熊本
くまもと

宮崎
みやざき

沖縄
おきなわ

那覇
なは

長崎
ながさき

佐賀
さが

長崎
ながさき

熊本
くまもと

鹿児島
かごしま

宮崎
みやざき

対馬
つしま

九州
きゅうしゅう

鹿児島
かごしま

屋久島
やくしま

0　40　80　120　160　200　km

0　　　　　　　100 km